职业教育智慧物流与供应链系列教材

新形态一体化教材

物流数据处理与分析（**Excel** 版）

主　编　吴洪艳　毛艳丽

副主编　王　瑞　王娜娜　刘　超

中国财富出版社有限公司

图书在版编目（CIP）数据

物流数据处理与分析：Excel版 / 吴洪艳，毛艳丽主编. -- 北京：中国财富出版社有限公司，2024. 11. -- ISBN 978-7-5047-8305-9

Ⅰ. F252

中国国家版本馆CIP数据核字第20253SE914号

策划编辑	黄正丽	**责任编辑**	贾浩然　于名珏		**版权编辑**	李　洋
责任印制	苟　宁	**责任校对**	杨小静		**责任发行**	敬　东

出版发行 中国财富出版社有限公司

社　　址	北京市丰台区南四环西路188号5区20楼	邮政编码	100070
电　　话	010-52227588 转 2098（发行部）	010-52227588 转 321（总编室）	
	010-52227566（24小时读者服务）	010-52227588 转 305（质检部）	
网　　址	http://www.cfpress.com.cn	排　　版	宝蕾元
经　　销	新华书店	印　　刷	北京九州迅驰传媒文化有限公司
书　　号	ISBN 978-7-5047-8305-9 / F·3776		
开　　本	787mm×1092mm 1/16	版　　次	2025 年2月第1版
印　　张	15	印　　次	2025 年2月第1次印刷
字　　数	329千字	定　　价	48.00 元

前 言

为顺应新时代"数字中国"发展战略，全面加快商贸、物流等服务业数字化转型，优化管理体系和服务模式，物流企业逐步形成了以数据为基础的管理思维。数据在物流企业运营和辅助决策中的作用愈加凸显，良好的数据处理与分析能力成为物流岗位人员的必备技能。物流数据分析课程作为物流专业的核心课程，致力于培养具备物流数据处理与分析能力的高技能人才。

在编写的过程中，编写团队积极汲取同类教材提供的"养料"，同时力求有所创新和突破，本书主要有以下特点。

（1）采用任务化项目，体例简洁清晰。遵循"理论够用、突出技能、易教易学"的原则，结合中等职业学校学生的实际教学需求，对传统教材体系进行整合，采用任务驱动教学法编写。本书分为七个项目，从 Excel 表格、函数、数据透视表、可视化图表等基本功能，到仓储、运输、配送的典型工作任务，由浅入深，由 Excel 一般应用到物流专业问题解决，逐步呈现出以 Excel 为工具的物流数据分析与应用。项目下细分若干个任务，每个任务有明确的知识目标、能力目标和情感目标，并主要以"工作任务—任务准备—任务实施—拓展提升—任务评价"为编写模块，增加全书的可操作性。

（2）遵照职业教育新政精神，体现教书更要育人的理念。物流企业各类表格、单据代表着业务规范性，各类数据影响到企业的经营和决策，在使用本书教学的过程中，教师要严格要求学生制作表格单据时严谨规范，收集整理、统计分析物流数据时一丝不苟，培养学生严肃认真、精益求精的现代物流职业素养。

（3）实用性强，用途广。本书编者全部为职业院校物流职业技能大赛、物流专业职教高考辅导教师，紧跟物流职业技能大赛、职教高考、职业技能证书考试对学生职业素养和操作的要求，将所需的数据处理技能融入其中，充分挖掘 Excel 的各种功能，大大提升学生 Excel 数据处理效率及解决物流相关问题的能力。本书可以作为中等职业院校物流类专业教学用书，也可作为物流职业技能大赛、物流专业职教高考辅导用书，还有助于学生考取全国计算机等级证书。

本书配备了大量的图表（如表格实操截图），便于教师课堂教学使用。为加强直观性、阅读性，部分图表未显示单位，且公司名称、地址、电话等内容皆为虚构。配套教学表格（资源）可以通过扫描文末二维码下载到计算机或者手机，实现脱网阅读。

本书由山东省潍坊商业学校吴洪艳、毛艳丽任主编，由山东省潍坊商业学校王瑞和王娜娜、鲁北技师学院刘超任副主编，参加本书编写的还有山东省潍坊商业学校寻

1

小荣、郑国栋、周海珍，青岛商务学校王昊，济南理工学校孙亮，日照市海洋工程学校甄戈。具体编写分工：王娜娜、周海珍、吴洪艳编写项目一至项目四；王瑞、王昊编写项目五；寻小荣、孙亮编写项目六；郑国栋、甄戈编写项目七。刘超负责部分案例搜集工作。全书由吴洪艳、毛艳丽负责统稿。山东商物信供应链有限公司总经理、全国物流劳动模范黄法庆负责审稿。

　　本书在编写过程中参考了国内外出版物中的相关资料以及网络资料，吸收、借鉴与引用了大量案例、情境等，谨在此致以诚挚的谢意。由于编者水平有限，书中难免有不足和疏漏之处，恳请广大读者批评指正。

编　者

目　录

项目一 表格制作

任务一　正确输入数据

知识目标

1.掌握常见数据类型的输入与显示特点。
2.掌握自定义序列的创建与使用。
3.掌握快速填充输入的技巧。
4.掌握数据验证的作用及设置。

能力目标

能够正确、规范地输入数据，并解决数据输入中可能出现的错误。

情感目标

培养严肃认真、精益求精的职业素养，养成良好的专业行为规范。

工作任务

请在 Excel 中输入图 1-1 所示的数据，要求能按照任务所示正确显示"入库单号"和"货品编码"，并对"入库单号"和"货品编码"所在列设置数据验证，以确保录入的"入库单号"和"货品编码"分别为 12 位、15 位。对于重复出现的数值，使用快速填充的方法；对"包装规格"使用自定义序列的方法。

入库单号	货品编码	包装规格（mm）	单价	数量	单位	生产日期
2023121301	6910019007331	350×350×245	¥100.50	38	箱	2023/7/11
2023121301	6910019015176	285×380×270	¥68.80	26	箱	2023/6/29
2023121301	6910019009533	190×370×270	¥75.60	48	箱	2023/7/19

图 1-1　数据输入练习

 **任务准备**

Microsoft Excel（简称Excel）是微软公司推出的办公软件，也是目前流行的电子表格处理软件。它具有强大的计算、分析和图表等功能，是目前比较常用的办公数据表格软件。Excel为了方便对数据进行处理，通过定义单元格"数字"选项卡，来定义不同的单元格数据格式。

1.数据类型

单元格中常见的数据类型有三种，文本型数据、数值型数据、日期时间型数据。

（1）文本型数据：包括汉字、字母、数字、标点符号及其他字符，默认的对齐方式为左对齐。当输入的文本长度超过单元格宽度时，超出的部分将溢出到下一单元格。若要将超长内容完全放到本单元格内，可以适当调整单元格的宽度；也可强制换行，在需要换行处按住组合键<Alt+Enter>，即可在本单元格内实现强制换行。

试一试

输入"北斗卫星导航系统（简称BDS）"。

（2）数值型数据：由数字和符号组成，默认的对齐方式为右对齐。当数字和符号的长度超过本单元格宽度时，系统会自动使用科学记数法进行表示。输入负数时需在数字前加输"−"号，或将数字用"( )"括起来。输入分数时，在输入分数前加0和空格。输入带分数的整数时，在整数与分数之间加空格。

试一试

输入"1234567890"。

输入"−10.01"。

输入"3/5"。

（3）日期时间型数据：默认的对齐方式为右对齐。输入日期时，通常先输入年份，然后输入月，最后输入日，日期之间使用"/"或"−"进行分隔。输入时间时，先输入小时再输入分钟，系统默认为24小时制，时间的分隔符是"："。

试一试

输入"2023/1/15"或"2023−1−15"。

输入"14:15"。

2.自定义序列

Excel支持数据的快速输入，只要是提前定义好的数据序列，例如"甲、乙、丙、丁"等，输入时只需要输入第一个值，通过拖动单元格的填充句柄即可实现整个序列的输入，可以大大加快数据的输入速度。

Excel中已经定义了常用的序列，用户也可以根据情况添加自定义序列。具体操作：打开Excel表格，鼠标置于表格空白处，点击【文件】–【选项】–【高级】–【常规】组–【编辑自定义列表】选项，如图1-2所示。打开"自定义序列"对话框，如图1-3所示。

试一试

添加新序列"第一季度，第二季度，第三季度，第四季度"。

图1-2　选择编辑自定义列表

图1-3　"自定义序列"对话框

3.数据验证

数据有效性是 Excel 中一项强大的功能，用于限制用户在单元格中输入的数据类型、格式或值。它有助于确保数据的准确性和一致性，减少数据输入错误。

（1）数据有效性的位置。在 Excel 2016 中，要找到数据有效性功能，如图 1-4 所示。单击【数据】-【数据工具】组-【数据验证】，打开如图 1-5 所示的"数据验证"对话框。

图 1-4　数据验证

图 1-5　"数据验证"对话框

（2）设置数据类型和范围。在"数据验证"对话框中，可以设置允许输入的数据类型（如整数、小数、日期、序列等），以及数据的取值范围。

试一试

如果你希望某个单元格只能输入介于 1 和 100 之间的整数，可以选择"整数"，然后在"最小值"和"最大值"框中分别输入 1 和 100。

（3）自定义验证规则。使用 Excel 的函数和公式来定义特定的验证条件。例如，如果要确保输入的值在特定的范围内，可以使用Excel函数"AND"和"OR"来编写条件。创建自定义验证规则的基本语法——=逻辑值表达式。

在逻辑值表达式中，可以使用各种Excel函数和运算符，如逻辑运算符（等于、大于、小于等）、数学运算符（加减乘除）、文本函数（LEN、LEFT、RIGHT）等。日常的数据输入中，如果需要验证某个单元格是否为空，则需要选择"自定义"选项，在公式框中输入公式"=LEN(TRIM(A1>0))>0"，点击"确定"，保存自定义验证规则。

试一试

A1中要求输入60到100之间的数（不包含60、100）。

需要在公式框中输入公式"=AND(A1>60，A1<100)"。

（4）输入信息和错误警告。在"数据验证"对话框中，还可以设置输入信息和错误警告。输入信息会在用户选中单元格时显示，用于提供有关允许输入的数据类型和格式的指导。错误警告会在用户输入无效数据时显示，用于提醒用户输入错误并给出正确的输入示例。

✂ 任务实施

打开Excel，新建一个空白工作簿，在Sheet1工作表上完成以下基本操作。

1.输入行标题

在A1到G1中依次输入"入库单号""货品编码""包装规格（mm）""单价""数量""单位""生产日期"。输入完毕后，选中A1到G1中的内容，单击【开始】，【字体】和【对齐方式】组中，依次设置"宋体""11""B""居中"，如图1-6所示。

图1-6　设置字体和对齐方式

注意：将光标放置在C列顶端，变为向下箭头时，选中整列，点击【对齐方式】组-【自动换行】。

2.录入数据

（1）输入入库单号。

A2单元格中，输入入库单号"202312130001"，数据显示为科学记数法"2.02312E+11"。需进行如下调整：选中A列，右键单击选择【设置单元格格式】，点击【自定义】，【类型】选项中选择"0"，点击【确定】，如图1-7所示。

图1-7　自定义设置

　　B2单元格中，输入货品编码"6910019007331"，同样超过11位，后续操作同A列，完成"货品编码"完整显示。

　　（2）输入包装规格。

　　C2单元格中，输入包装规格"350×350×245"，注意此处的"×"为特殊符号，需要通过点击【插入】−【符号】单独插入。

　　（3）输入单价。

　　D2单元格中，输入单价"100.5"。选中D列，右键单击选择【设置单元格格式】，点击【货币】，注意小数位数默认为2。设置货币符号及小数位数如图1−8所示。

图1-8　设置货币符号及小数位数

试一试

如果小数位数不满足实际需要，可以点击右侧【向上】或【向下】的箭头符号进行调整。当然后续如果小数位数仍有变动，也可选择"开始"选项卡中的【数字】组，点击"增加小数位数"图标或者"减少小数位数"图标，对小数位数做出相应调整。

（4）输入生产日期。

选中G列，右键单击选择【设置单元格格式】，单击【日期】-【*2012/3/14】-【确定】，如图1-9所示。格式设置完毕，在G2中录入"2023/7/31"。

（5）快速填充。

参照工作任务，录入A3到G3的数据，其中A列每个单元格录入该入库单的入库单号，均为"202312230001"，F列每个单元格的货位单位同样为"箱"，对于这两列的数据可以使用快速填充。方法：选择A2单元格，将鼠标移至单元格右下角的小黑点处，鼠标指针会变成一个黑色的十字形，按住鼠标左键，向下拖动到A4；同样的方法，选中F2，完成F3、F4的填充。

图1-9　设置生产日期格式

（6）有效性验证。

　　为有效保证"入库单号""货品编码"录入过程中的准确性，对"入库单号"进行有效性验证。具体方法：选中A列，选择【数据】-【数据工具】组中的【数据验证】；打开"数据验证"对话框，"设置"选项卡依次设置验证条件，【允许】选择【文本长度】、【数据】选择【等于】、【长度】设为"12"，如图1-10所示。

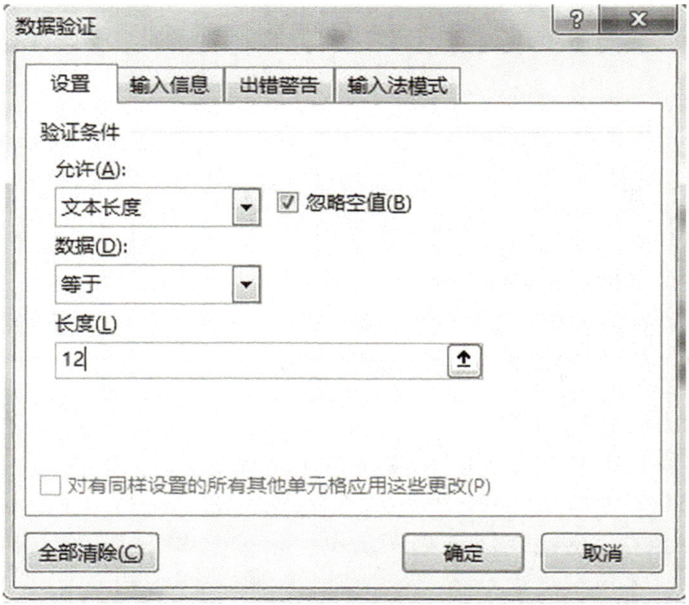

图1-10　设置文本长度

"输入信息"选项卡下的【输入信息】文本框中输入"请输入12位入库单号",如图1-11所示。

图1-11   设置输入信息

出错警告设置如图1-12所示 ,左侧【样式】选择【信息】、右侧【错误信息】文本框中输入"入库单号位数不对""请您重新输入!",单击【确定】,完成设置。

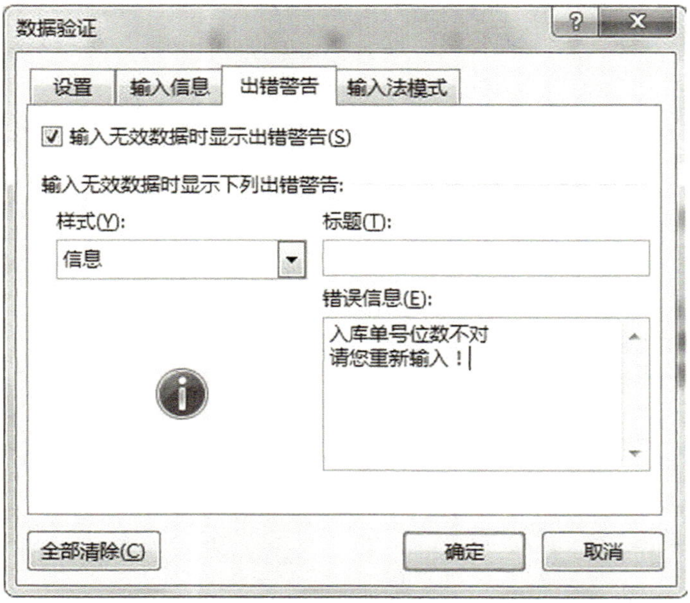

图1-12   出错警告设置

对于"货品编码"列，要求货品编码为15位，操作同上，即【输入信息】文本框中输入"请输入12位货品编码"；"出错警告"选项卡中，左侧【样式】选择【信息】，右侧【错误信息】文本框中输入"货品编码位数不对""请您重新输入！"，单击【确定】，完成设置。

拓展提升

请在 Excel 中输入图 1–13 的数据。对"储位编码"列、"单位"列进行快速填充，通过"数据验证"对话框对"货品条码"列设置只能输入13位长度的字符，对"数量"列设置只能输入0～15之间的整数。

	A	B	C	D	E
1	储位编码	货品条码	数量	单位	生产日期
2	B00000	6910019020002	10	箱	2023-07-01
3	B00001	6910019009545	8	箱	2023-04-02
4	B00002	6910019015176	11	箱	2023-05-30
5	B00003	6910019009533	10	箱	2023-05-14
6	B00004	6902132082401	7	箱	2023-03-05
7	B00005	6910019024048	8	箱	2023-04-06
8	B00100	6910019020788	11	箱	2022-12-07
9	B00101	6910019020056	7	袋	2023-01-08
10	B00102	6902132083606	9	袋	2023-02-13
11	B00103	6910019007331	9	袋	2023-04-10
12	B00104	6910019024697	8	袋	2023-05-21
13	B00105	6902132083224	10	箱	2023-06-12

图 1–13　效果示意

任务评价

任务名称			姓名			
考核内容	评价标准	参考分值	考核得分			
				自我评价	小组评价	教师评价
职业素养	对数据的敏感性以及细致耐心的学习态度	10				
	良好的专业行为规范	10				
知识素养	熟悉常见数据类型的输入与显示特点	10				
	掌握自定义序列的创建与使用	10				
	掌握快速填充输入的技巧	20				
	掌握数据验证的作用及设置	20				
技能素养	输入数据正确、规范	20				
小计		100				
合计（自我评价 ×30%+小组评价 ×30%+教师评价 ×40%）						

任务二　规范制作表格

 知识目标

1.掌握表格单元格格式、行高、列宽等基本设置。
2.掌握表格边框和底色的设置。
3.掌握工作表保护的相关设置。

 能力目标

能够根据实际需要制作规范的表格。

 情感目标

1.培养认真严谨的学习态度，养成良好的专业行为规范。
2.增强对数据的敏感性和分析能力，树立数据安全意识。

 工作任务

制作入库通知单（见图1-14）。

	A	B	C	D	E	F	G
1			入库通知单				
2						单号	0532-5226****
3	收货地址	青岛万方物流中心		收货人	李芳	收货电话	
4	计划发货日期	2023.7.30		计划到货日期		2023.8.1	
5	货品编码	货品名称	包装规格（mm）	数量	单位	生产日期	备注
6	691001900731	全效加浓丝瓜洗洁精	350×350×245	38	箱	20230711	/
7	6910019015176	除菌无磷洗衣粉5Kg袋装	285×380×270	20	箱	20230629	/
8	6910019009533	阳光馨香透明皂	190×370×270	40	箱	20230719	/

图1-14　入库通知单

13

 **任务准备**

1.设置单元格格式

Excel允许以各种方式格式化单元格，以适应不同的数据类型和需求。设置单元格格式的方法是选择单元格，右键单击选择【设置单元格格式】，在弹出窗口中进行设置。

2.单元格合并

在Excel工作表中，单元格合并是指将选定的一个连续的区域合并成一个或多个单元格。具体合并方式如表1-1所示。

表1-1   单元格合并方式

合并后居中	所选区域的所有单元格合并为一个单元格，且其水平对齐方式为居中对齐
跨越合并	所选区域的所有单元格中同一行的单元格合并为一个单元格
合并	所选区域的所有单元格合并为一个单元格，其水平对齐方式沿用原左上角单元格的水平对齐方式

3.调整列宽和行高

Excel允许自定义列宽和行高，以适应数据的大小和可读性。

（1）调整列宽。将鼠标放在列标题的右边界，双击鼠标即可自动调整列宽，或者拖动边界线手动调整宽度；也可选中列，右键单击选择【列宽】进行设置，如图1-15所示。

图1-15　列宽设置

（2）调整行高。将鼠标放在行号的下边界，双击鼠标即可自动调整行高，或者拖动边界线手动调整高度，也可选中行，右键单击选择【行高】进行设置。这些功能的灵活使用，可以使表格数据呈现清晰、布局更加合理。

4.边框和底色

对表格进行美化操作时，除了设置数据格式之外，还可以为其设置边框背景，使整个表格更有层次感，设置单元格边框如图1-16所示，设置单元格底色如图1-17所示。

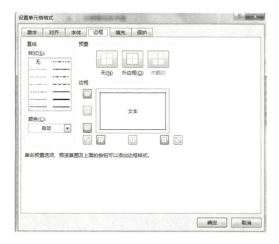 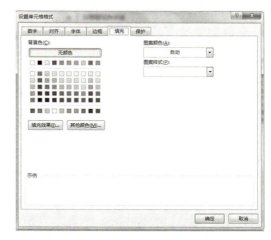

图1-16　设置单元格边框　　　　　　图1-17　设置单元格底色

5.工作表的保护

保护工作表的主要目的是让用户只能选择和改动指定的区域，防止表格结构和内容被破坏。

（1）限制工作表编辑，指定单元格中的数据严禁编辑。

（2）指定区域允许编辑，指定单元格区域在输入密码（或缺省密码）的情况下允许编辑。

（3）隐藏加密，隐藏工作表中指定单元格区域中的值。

（4）工作表隐藏并加密，打开工作簿时，不显示已隐藏的工作表，也不允许新增或删除工作表。

（5）工作簿数据保护，打开工作簿时输入密码。

任务实施

1.输入数据

按照工作任务出示的"入库通知单"，新建工作表，在"Sheet1"对应单元格录入数据，初步效果如图1-18所示。

2.合并单元格

对照工作任务中的"入库通知单"，依次对以下单元格进行合并操作：选中A1至G1，依次单击"开始"选项卡-【对齐方式】组-【合并后居中】选项，如图1-19所示。

	A	B	C	D	E	F	G
1	入库通知单						
2						单号	0532-5226****
3	收货地址	青岛万方物流中心		收货人	李芳	收货电话	
4	计划发货日期	2023.7.30		计划到货日期			
5	货品编码	货品名称	装规格（m	数量	单位	生产日期	备注
6	691001900731	全效加浓丝瓜洗洁精	350×350×245	38	箱	20230711	/
7	6910019015176	除菌无磷洗衣粉5Kg袋装	285×380×270	20	箱	20230629	/
8	6910019009533	阳光馨香透明皂	190×370×270	40	箱	20230719	/

图1-18　输入数据

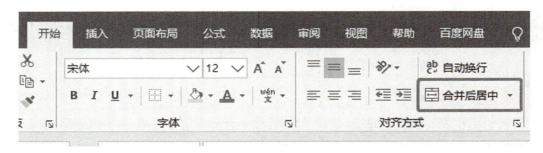

图1-19　合并后居中

完成如图1-20所示的合并后居中效果，完成其他"合并后居中"操作。

	A	B	C	D	E	F	G
1	入库通知单						
2						单号	0532-5226****
3	收货地址	青岛万方物流中心		收货人	李芳	收货电话	
4	计划发货日期	2023.7.30		计划到货日期			
5	货品编码	货品名称	装规格（m	数量	单位	生产日期	备注
6	691001900731	全效加浓丝瓜洗洁精	350×350×245	38	箱	20230711	/
7	6910019015176	除菌无磷洗衣粉5Kg袋装	285×380×270	20	箱	20230629	/
8	6910019009533	阳光馨香透明皂	190×370×270	40	箱	20230719	/

图1-20　合并后居中效果

3.设置行高和列宽

行高：选中第1行到第8行，鼠标右键单击选择【行高】，设置为"30"，如图1–21所示。

列宽：选中B列到G列，鼠标右键单击选择【列宽】，设置为"12"，如图1–22所示。

图1–21　设置行高　　　　　　　　　图1–22　设置列宽

说明：第1列（A列），因调整录入"货品编码"，已自动调整。

4.设置边框和底色

选择A3：G8单元格区域，依次单击"开始"选项卡–【字体】组–【下框线】图标旁下拉箭头–【所有框线】样式，完成框线设置。

对照"入库通知单"，按住键盘上的"Ctrl"键，依次选中需要设置填充效果的单元格区域，依次单击"开始"选项卡–【字体】组–【填充颜色】图标旁下拉箭头–【主题颜色】–【浅灰色，背景2，深色25%】，完成底色设置，效果如图1–23所示。

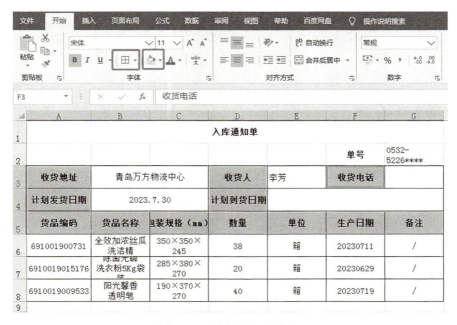

图1–23　设置边框和底色

5.重命名工作表

选中工作表标签"Sheet1"，右键选择【重命名】，输入新名称"入库通知单"。

6.保护工作表

保护"入库通知单"中固定区域，即阴影单元格、"标题"单元格、"单号"单元格。操作步骤如下。

（1）取消所有单元格默认的"锁定"设置。

光标定位至工作表左上角或任意单元格，全选，右键选择【设置单元格格式】，依次点击【保护】-【锁定】，去掉默认"勾选"。

（2）设置固定区域的"锁定"。

按住"Ctrl"键，分别选中"入库通知单"工作表中需要保护的指定区域，右键选择【设置单元格格式】，依次点击【保护】-【锁定】，进行"勾选"。

（3）设置保护。

单击"审阅"选项卡-【保护】组-【保护工作表】，如图1-24所示。打开如图1-25所示的"保护工作表"对话框，输入密码"123"，单击"确定"。再次确认密码为"123"，此处注意两次输入的密码要保持一致，否则需要重新设置，如图1-26所示。

图1-24　保护工作

图1-25　设置密码

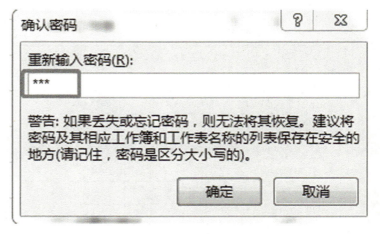

图1-26　确认密码

此时，固定区域已不能修改，若点击固定区域则弹出如图1-27所示的提示信息。完成设置后，将工作簿保存。

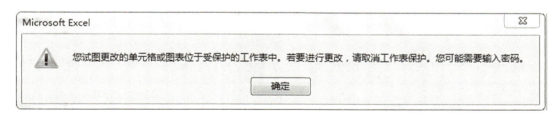

图1-27　单击固定区域提示信息

取消指定区域的保护，单击【保护】组的【撤销工作表保护】，如图1-28所示。打开"撤销工作表保护"对话框，输入密码，单击"确定"，完成指定区域保护的取消，如图1-29所示。

图1-28　撤销工作表保护

图1-29　输入密码

完成所有操作，注意保存工作簿。

🌿 拓展提升

请在Excel中制作如图1-30所示的入库单，要求如下。

（1）设置行高"24"，列宽"11"。

（2）需要填写的单元格区域设置填充颜色为"白色，背景1，深色5%"。

（3）通过有关保护操作，实现只允许填写区域可编辑（密码"abc"）。

（4）时间充足的同学可继续制作拣货单、出库单、盘点单。

▲	A	B	C	D	E	F	G	H	I
1	入库单								
2							入库单号		
3	库房编号			□正常商品		□暂存商品		□退换货	
4	供应商名称				供应商编号			入库时间	
5	入库通知单号				应收总数			实收总数	
6	商品名称	商品编号	规格	单位	应收数量	实收数量	储位号	生产日期	备注
7									
8									
9									
10									
11	仓管员				信息员				
12									

图1-30　入库单效果示意

任务评价

任务名称		姓名			
考核内容	评价标准	参考分值	考核得分		
			自我评价	小组评价	教师评价
职业素养	认真严谨的学习态度	10			
	良好的专业行为规范	10			
知识素养	掌握单元格格式的设置	10			
	掌握边框和底色的设置	20			
	熟悉工作表保护的设置	20			
技能素养	制作的表单规范，实用性强	30			
小计		100			
合计（自我评价×30%+小组评价×30%+教师评价×40%）					

项目二　数据计算与统计

任务一　基本函数应用

知识目标

1.掌握常用统计函数（SUM/AVERAGE/MAX/MIN）、逻辑函数（IF）、文本函数等的使用方法。

2.掌握IF函数嵌套实现多级条件判断的操作步骤。

3.理解函数在工资表、销售数据表等常见工作表格中的实际应用。

能力目标

1.能够使用SUM函数、AVERAGE函数、MAX函数、MIN函数、COUNT函数快速完成数据计算和汇总。

2.能够灵活使用IF函数、IF函数嵌套完成数据分类计算。

3.能够检查并修正函数公式中的常见错误。

情感目标

1.养成仔细核对函数参数和计算结果的工作习惯。

2.形成规范书写函数公式、整理数据表格的职业素养。

3.体会函数工具提升数据处理效率的实际价值。

工作任务

现有仓库电子标签拣货区货品数据，如图2-1所示。请根据工作表中已有数据，使用Excel常用函数完成表格计算。

（1）使用SUM函数、AVERAGE函数、MAX函数、MIN函数、COUNT函数完成表格中"总价""合计""最高价格""最低价格""总品项数"的计算和汇总。

（2）使用IF函数完成"是否补货"列数据的判断。

（3）使用IF函数嵌套完成"价格分类"列数据的计算。

（4）使用COUNTIF函数完成"果蔬汁类及其饮料品项数"的计算。

（5）使用SUMIF函数完成"果蔬汁类及其饮料总金额"的计算。

	A	B	C	D	E	F	G	H	I	J
1						仓库电子标签拣货区货品数据				
2	货品名称	货品条码	单价	数量	单位	品类	总价	补货点	是否补货	价格分类
3	NFC椰子水	6910019020002	10.8	10	瓶	果蔬汁类及其饮料		5		
4	莓莓果汁茶饮料	6910019009545	5.7	8	瓶	茶（类）饮料		5		
5	红柚果汁茶饮料	6910019015176	6.8	5	瓶	茶（类）饮料		5		
6	NFC番茄汁	6910019009533	16.5	10	瓶	果蔬汁类及其饮料		3		
7	NFC石榴汁	6902132082401	15.5	7	瓶	果蔬汁类及其饮料		3		
8	NFC西柚汁	6910019024048	17.5	8	瓶	果蔬汁类及其饮料		3		
9	冰红茶	6910019020788	3.7	4	瓶	茶（类）饮料		5		
10	冰绿茶	6910019020056	3.8	7	瓶	茶（类）饮料		3		
11	西梅浓缩汁	6902132083606	14.5	9	瓶	果蔬汁类及其饮料		3		
12	沙棘浓缩汁	6910019007331	16.5	9	瓶	果蔬汁类及其饮料		3		
13	黑莓浓缩汁	6910019024697	15.5	8	瓶	果蔬汁类及其饮料		4		
14	乌龙茶	6902132083224	4.5	10	瓶	茶（类）饮料		4		
15	合计									
16	平均值									
17	最高价格									
18	最低价格									
19	总品项数									
20	果蔬汁类及其饮料品项数									
21	果蔬汁类及其饮料总金额									

图2-1　仓库电子标签拣货区货品数据

 任务准备

我们可以把Excel中的函数理解为预先编写的公式。通过引用函数名称，设定函数参数，就可以按照公式对参数执行运算，并得出相应的结果。使用函数不仅可以批量完成许多复杂的计算，还可以简化录入繁杂的公式，提高计算效率。

一、常用函数

Excel函数包括数据库函数、日期与时间函数、工程函数、财务函数、信息函数、逻辑函数、查询和引用函数、数学和三角函数、统计函数、文本函数以及用户自定义函数。常用函数如表2-1所示。

表2-1　　　　　　　　　　　常用函数

函数分类	函数名称	语法	描述
统计函数	COUNT	=COUNT(数值1,数值2,…)	统计指定单元格区域中数值的个数
	COUNTIF	=COUNTIF(条件区域,条件)	统计指定单元格区域中符合指定条件的单元格个数
	COUNTIFS	=COUNTIFS(条件计数区域1,条件1,条件计数区域2,条件2,…)	统计指定单元格区域中符合多个指定条件的单元格个数

续表

函数分类	函数名称	语法	描述
统计函数	AVERAGEIF	=AVERAGEIF(条件区域,求和条件,平均值区域)	返回一组数据中满足指定条件的数值的平均值
	AVERAGEIFS	=AVERAGEIFS(求平均值区域,条件区域1,条件1,条件区域2,条件2,…)	返回一组数据中满足多个指定条件的数值的平均值
	MAX	=MAX(数值1,数值2,…)	返回一组数据中的最大值
	MIN	=MIN(数值1,数值2,…)	返回一组数据中的最小值
	RANK.EQ	=RANK.EQ(数字,数字列表,[排序方向])	返回指定数字在一列数字中的排名
逻辑函数	IF	=IF(判断条件,条件为TRUE时的返回值,条件为FALSE时的返回值)	根据提供的条件参数,条件计算结果为TRUE时,返回一个值;条件计算结果为FALSE时,返回另一个值
文本函数	MID	=MID(被提取的字符串,指定提取位置,提取的字符数量)	返回文本字符串中从指定提取位置开始的特定数量的字符
	LEFT	=LEFT(文本,提取字符的个数)	从提供的文本的第一个字符开始返回指定个数的字符
	RIGHT	=RIGHT(文本,提取字符的个数)	从提供的文本的最后一个字符往前计数,返回指定个数的字符
	TEXT	=TEXT(数字,格式)	将数字转换为文本,并以指定格式显示
数学和三角函数	ABS	=ABS(数字)	返回数字的绝对值
	ROUND	=ROUND(数字,位数)	将数字四舍五入到指定的位数
	INT	=INT(数字)	将数字向下舍入到最接近的整数
	SUM	=SUM(数值1,数值2,…)	计算一个或多个数值的和
	SUMIF	=SUMIF(条件区域,求和条件,求和区域)	计算一区域中符合指定条件的数值的和
	SUMIFS	=SUMIFS(求和区域,条件区域1,条件1,条件区域2,条件2,…)	计算一区域中符合多个指定条件的数值的和

二、函数的输入方法

1.手动输入函数

简单函数可直接输入,操作步骤列举如下。

(1)单击输入函数的单元格,向当前的单元格输入函数。

（2）函数格式为"=函数名称（参数）"。此处注意："="是必不可少的；参数一般采用单元格或区域的表示法。

（3）按回车键结束。手动输入函数如图2-2所示。

2.使用菜单输入函数

复杂函数初学者不易全部掌握，对于一些不太熟悉的函数，可以借助菜单输入。操作步骤列举如下。

（1）单击输入函数的单元格。

（2）点击菜单栏中【公式】-【插入函数】。

（3）在弹出的对话框中，选择要使用的函数，设置函数参数，单击"确定"。使用菜单输入函数如图2-3所示。

图2-2　手动输入函数　　　　　图2-3　使用菜单输入函数

此处注意：点击工具栏按钮"fx"（ × ✓ fx ）输入函数，比使用菜单输入函数更简捷。

3.使用选项卡输入常用函数

（1）单击存放数据的单元格。

（2）单击编辑栏中的公式编辑器按钮（ ∑ 自动求和 ˅ ）。

（3）单击下拉箭头"↓"，可选择常用函数：求和函数、平均值函数、计数函数、最大值函数、最小值函数。

（4）在单元格中输入函数的参数，按回车键确认。使用选项卡输入常用函数如图2-4所示。

图2-4　使用选项卡输入常用函数

任务实施

函数输入主要采用手动输入和菜单输入两种方法。

1.计算总价

（1）公式输入：选中G3单元格，输入公式"=C3*D3"，按回车键确认。

（2）公式填充：选中G3单元格，使用填充柄向下自动填充至G14单元格。

2.用求和函数（SUM函数）计算合计

选中求和单元格，依次单击菜单栏中【开始】–【编辑】组的公式编辑器按钮，按回车键确认。

3.用平均值函数（AVERAGE函数）计算饮料的平均值（价格）

选中求平均值单元格，依次单击菜单栏中【开始】–【编辑】组的公式编辑器按钮的下拉箭头–【平均值】，按回车键确认。

4.用最大值函数（MAX函数）计算饮料最高价格

选中17行的合并单元格，依次单击菜单栏中【开始】–【编辑】组的公式编辑器按钮的下拉箭头–【最大值】，按回车键确认。

5.用最小值函数（MIN函数）计算饮料最低价格

选中18行的合并单元格，依次单击菜单栏中【开始】–【编辑】组的公式编辑器按钮的下拉箭头–【最小值】，按回车键确认。

6.用计数函数（COUNT函数）计算总品项数

选中19行的合并单元格，依次单击菜单栏中【开始】–【编辑】组的公式编辑器按钮的下拉箭头–【计数】，按回车键确认。注意：COUNT函数统计选定区域中非空、有数值的单元格的个数，会自动忽略文本单元格和空单元格。上述常用函数（SUM函数、AVERAGE函数、MAX函数、MIN函数、COUNT函数）的参数设置如图2–5所示。

```
=SUM(D3:D14)↵

=AVERAGE(C3:C14)↵

=COUNT(B3:B14)↵

=MAX(C3:C14)↵

=MIN(C3:C14)↵
```

图2-5 设置常用函数的参数

7.用条件计数函数（COUNTIF函数）计算果蔬汁类及其饮料品项数

选中20行的合并单元格，点击工具栏按钮"*fx*"，在"插入函数"对话框中选择类别"统计"，设置COUNTIF函数的参数（见图2–6），设置"Range"为F3:F14，"Criteria"中输入"果蔬汁类及其饮料"，点击"确定"。

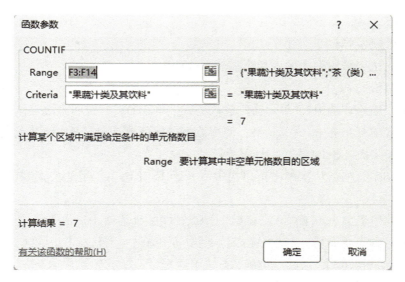

图 2-6　设置 COUNTIF 函数的参数

COUNTIF 函数有两个参数：Range 设置条件区域，Criteria 设置条件。

8.用条件求和函数（SUMIF 函数）计算果蔬汁类及其饮料总金额

选中 21 行的合并单元格，点击工具栏按钮"*fx*"，在"插入函数"对话框中选择类别"数学与三角函数"，设置 SUMIF 函数的参数（见图 2-7），设置"Range"为 F3:F14，"Criteria"中输入"果蔬汁类及其饮料"，设置"Sum_range"为 G3:G14，点击"确定"。

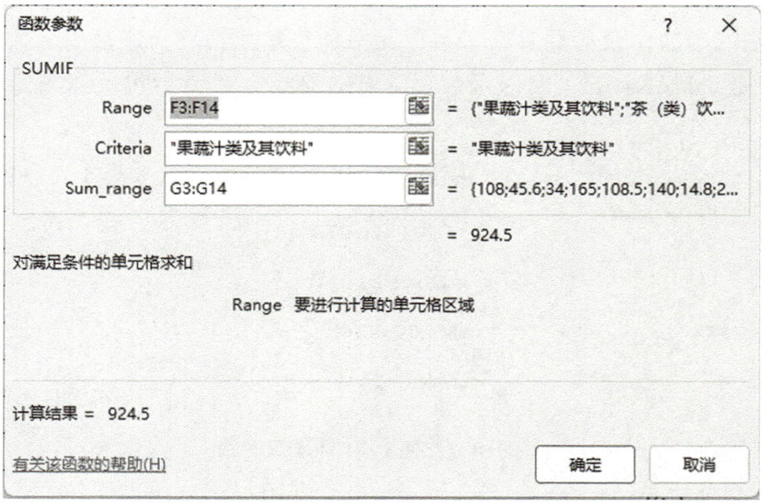

图 2-7　设置 SUMIF 函数的参数

SUMIF 函数有三个参数：Range 设置要求和的条件区域，Criteria 设置求和条件，Sum_range 设置求和区域。

9.用条件判断函数（IF函数）判断是否补货

选中I3单元格，点击工具栏按钮"*fx*"，在"插入函数"对话框中选择类别"常用函数"，设置IF函数的参数（见图2-8），设置"Logical_test"为D3>=H3，"Value_if_true"中输入"否"，"Value_if_false"中输入"是"，点击"确定"。选中I3单元格，使用填充柄向下自动填充至I14单元格。

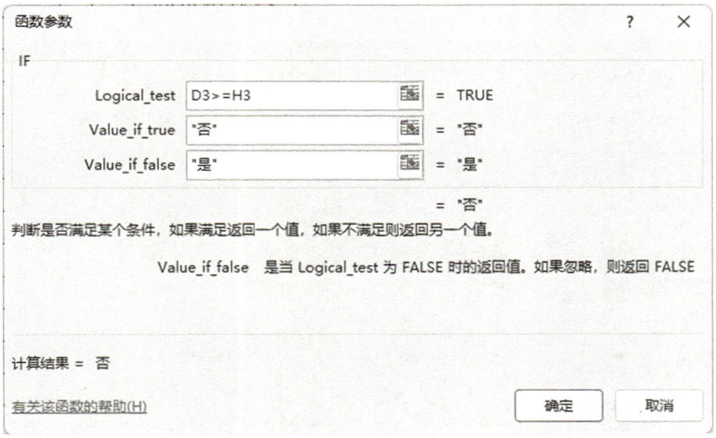

图2-8　设置IF函数的参数

IF函数有三个参数，Logical_test设置逻辑表达式，Value_if_true设置逻辑表达式成立的情况下要返回的值，Value_if_false设置逻辑表达式不成立的情况下要返回的值。

10. 用IF函数嵌套完成价格分类判断

价格分类如表2-2所示。

表2-2　　　　　　　　　　　　　　　价格分类

价格(元)	分类
小于5	低价饮料
大于或等于5，且小于10	一般价格饮料
大于或等于10	高价格饮料

选中J3单元格，点击工具栏按钮"*fx*"，在"插入函数"对话框中选择类别"常用函数"，设置IF函数的参数，设置"Logical_test"为C3<5，"Value_if_true"中输入"低价饮料"；文本光标停留在"Value_if_false"设置输入框中，点击公式编辑栏函数名称下拉箭头并选择"IF"（ IF ）；在新弹出的"函数参数"对话框中，设置"Logical_test"为C3<10，"Value_if_true"中输入"一般价格饮料"，"Value_if_false"中输入"高价格饮料"，点击"确定"。选中J3单元格，使用填充柄向下自动填充至J14单元格。IF函数嵌套公式编辑栏中显示：=IF(C3<5,"低价饮料",IF(C3<10,"一般价格饮料","高价格饮料"))，参数设置过程如图2-9所示。

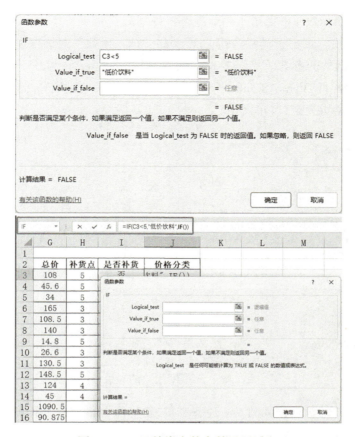

图2-9　IF函数嵌套的参数设置过程

🌿 拓展提升

　　现有物流中心配送客户数据，需要使用函数计算汇总各项数据。请打开如图2-10所示的素材文件，并按要求完成操作。

	A	B	C	D	E	F	G	H	I	J	K
1					物流中心配送客户数据						
2	送货时间	客户编号	客户名称	客户级别	货品编码	货品名称	数量	单位	价格	总价	应收货款
3	2022.8.1	KU001	联华超市	1	HM912-L	丙烯马克笔12色	10	盒	13.2		
4	2022.8.1	KU002	飞度超市	2	HM913-L	丙烯马克笔24色	15	盒	27.8		
5	2022.8.1	KU003	天天超市	2	HM912-L	丙烯马克笔12色	18	盒	13.2		
6	2022.8.1	KU004	华联超市	3	HM915-L	丙烯马克笔48色	18	盒	50.5		
7	2022.8.1	KU005	宜家超市	1	HM913-L	丙烯马克笔24色	10	盒	27.8		
8	2022.8.1	KU006	佳艺超市	2	HM915-L	丙烯马克笔48色	15	盒	50.5		
9	2022.8.1	KU007	金都超市	4	HM915-L	丙烯马克笔48色	30	盒	50.5		
10	2022.8.1	KU008	名都超市	4	HM912-L	丙烯马克笔12色	20	盒	13.2		
11	2022.8.1	KU009	一元超市	3	HM915-L	丙烯马克笔48色	20	盒	50.5		
12	2022.8.1	KU010	名苑超市	2	HM912-L	丙烯马克笔12色	25	盒	13.2		
13	2022.8.1	KU011	万佳超市	1	HM914-L	丙烯马克笔36色	5	盒	38		
14	2022.8.1	KU012	聚福超市	2	HM914-L	丙烯马克笔36色	15	盒	38		
15	合计										
16	应收货款最高客户										
17	应收货款最低客户										
18	客户总数量										
19	客户级别为2的客户数量										
20	丙烯马克笔12色订货总数量										

图2-10　任务一物流中心配送客户数据

操作要求列举如下。

（1）在J列用PRODUCT函数计算总价。

（2）按照公司销售政策，批量订货享受价格折扣（见表2-3），在K列用IF函数嵌套完成应收货款计算(小数点后保留2位)。

表2-3　　　　　　　　　　　　任务一价格折扣

单次单品订购金额（元）	价格折扣（%）
小于500	100
大于或等于500，且小于1000	97
大于或等于1000	95

（3）在K列用SUM函数计算应收货款合计。

（4）在B16单元格用MAX函数找出应收货款最高客户。

（5）在B17单元格用MIN函数找出应收货款最低客户。

（6）在B18单元格用COUNT函数统计客户总数量。

（7）在B19单元格用COUNTIF函数统计客户级别为2的客户数量。

（8）在B20单元格用SUMIF函数计算丙烯马克笔12色订货总数量。

（9）设置条件格式，将丙烯马克笔12色所在的单元格填充为红色。

任务评价

任务名称			姓名			
考核内容	评价标准	参考分值	考核得分			
			自我评价	小组评价	教师评价	
职业素养	仔细核对函数参数和计算结果	10				
	规范书写函数公式、整理数据表格	10				
知识素养	掌握函数的概念、类型	10				
	掌握SUM函数、AVERAGE函数、MAX函数、MIN函数、COUNT函数格式设置	10				
	掌握IF函数、IF函数嵌套格式设置	10				
技能素养	使用SUM函数、AVERAGE函数、MAX函数、MIN函数、COUNT函数完成计算和汇总	30				
	使用IF函数、IF函数嵌套完成数据计算	20				
小计		100				
合计（自我评价×30%+小组评价×30%+教师评价×40%）						

任务二　高级函数应用

 知识目标

1.理解 VLOOKUP 函数在跨表数据匹配中的逻辑结构和应用场景。

2.掌握 SUMIFS 函数、COUNTIFS 函数、AVERAGEIFS 函数的多条件筛选规则和参数设置。

3.识别数组公式与嵌套函数在复杂数据处理中的应用。

 能力目标

1.能够熟练使用函数解决实际问题。

2.能够修复公式错误。

3.学会使用 SUMIFS 函数、COUNTIFS 函数、AVERAGEIF 函数完成计算和汇总。

 情感目标

1.养成工作数据多重校验的职业习惯。

2.强化操作过程中的数据安全意识。

3.培养认真严谨的学习态度。

4.养成良好的专业行为规范。

 工作任务

现有仓库出库明细表和商品信息表，如图 2-11、图 2-12 所示。请根据工作表中已有数据，使用 Excel 高级函数完成表格计算。

（1）使用 VLOOKUP 函数查找仓库出库明细表中"货品名称""单价"列数据。

（2）使用 SUMIFS 函数统计"银鹭好粥道莲子玉米粥"货品的上半年出库量。

（3）使用 COUNTIFS 函数统计天天超市单价低于 3 元的订单个数。

（4）使用 AVERAGEIFS 函数统计飞度超市的伊利金典纯奶的平均出库量。

订单编号	出库时间	客户名称	货品编码	货品名称	单价	出库数量
				仓库出库明细表		
DD-001	2023年1月1日	联华超市	6924862101825			2
DD-002	2023年1月2日	联华超市	6907992502052			2
DD-003	2023年1月3日	飞度超市	4891028703266			4
DD-004	2023年1月4日	飞度超市	6926892521482			4
DD-005	2023年1月5日	天天超市	6907992509808			5
DD-006	2023年1月6日	飞度超市	6923644278595			10
DD-007	2023年1月7日	天天超市	6923644278878			12
DD-008	2023年1月8日	华联超市	6926892568180			12
DD-009	2023年1月9日	天天超市	6907992507613			16
DD-010	2023年1月10日	飞度超市	6923644278939			21
DD-011	2023年1月11日	天天超市	6923644278847			27
DD-012	2023年1月12日	华联超市	4891028703242			26
DD-013	2023年1月13日	飞度超市	6926892565189			20
DD-014	2023年1月14日	飞度超市	6907992509617			25
DD-015	2023年1月15日	飞度超市	6907992507385			24
DD-016	2023年1月16日	飞度超市	6924862101825			70
DD-017	2023年1月17日	天天超市	6926892567183			26
DD-018	2023年1月18日	华联超市	6924862101849			3
DD-019	2023年1月19日	飞度超市	6907992507651			7
DD-020	2023年1月20日	天天超市	6923644240417			20
DD-021	2023年1月21日	华联超市	6923644241735			19
DD-022	2023年1月22日	天天超市	6926892566186			2
DD-023	2023年1月23日	联华超市	6907992502052			3
DD-024	2023年1月24日	联华超市	4891028703266			3
DD-025	2023年1月25日	飞度超市	6926892521482			13
DD-026	2023年1月26日	飞度超市	6907992509808			12
DD-027	2023年1月27日	天天超市	6923644278595			20
DD-028	2023年1月28日	天天超市	6923644278878			25
DD-029	2023年1月29日	天天超市	6926892568180			32
DD-030	2023年1月30日	华联超市	6907992507613			27
DD-031	2023年1月31日	天天超市	6923644278939			39
DD-032	2023年2月1日	飞度超市	6923644278847			39
DD-033	2023年2月2日	天天超市	4891028703242			39
DD-034	2023年2月3日	华联超市	6926892565189			46
DD-035	2023年2月4日	飞度超市	6907992509617			53
DD-036	2023年2月5日	飞度超市	6907992507385			45
DD-037	2023年2月6日	飞度超市	6924862101825			17
DD-038	2023年2月7日	飞度超市	6926892567183			66

出库明细表　商品信息表　+

图2-11　任务二仓库出库明细表

货品条码	货品名称	单位	单价
	商品信息表		
6926892565189	银鹭好粥道莲子玉米粥	罐	2.5
6926892567183	银鹭好粥道薏仁红豆粥	罐	2.5
6926892566186	银鹭好粥道黑米粥	罐	2.5
6926892568180	银鹭好粥道椰奶燕麦粥	罐	2.5
6926892521482	银鹭桂圆莲子八宝粥	罐	2.5
6907992507385	伊利金典纯奶	盒	2.4
6907992502052	伊利纯奶	盒	2.4
6923644240417	蒙牛高钙低脂奶	盒	3.4
6923644241735	蒙牛早餐奶巧克力味	盒	3.4
6907992507613	QQ星儿童乳饮品草莓味	盒	3.4
6907992507651	QQ星儿童乳饮品原味	盒	2.4
6907992509808	QQ星儿童乳饮品冰淇淋味	盒	1.4
6907992509617	QQ星儿童乳饮品菠萝味	盒	4.4
6923644278595	蒙牛纯甄牛奶	盒	0.5
6923644278847	蒙牛早餐奶麦香味	盒	1
6923644278878	蒙牛早餐奶红枣味	盒	0.5
6923644278939	蒙牛早餐奶核桃味	盒	1.8
4891028703266	维他奶黑豆味	盒	2.5
4891028703242	维他奶原味	盒	2.5
6924862101849	美年达听装橙味	听	2.4
6924862101825	美年达听装苹果味	听	3.4

图2-12　任务二商品信息表

 **任务准备**

高级函数可实现更复杂、更强大的查找与引用、数据计算和汇总等功能。本任务使用如下高级函数。

1. VLOOKUP 函数

格式：=VLOOKUP(查找值，查找区域，返回值的列序号，精确匹配或大致匹配)。

作用：VLOOKUP 函数是一个纵向查找函数，具备按列查找功能，最终返回该列所需查询序列对应的值。它有四个参数，参数详述如表2-4所示。

表2-4　　　　　　　　　　　　参数详述

参数	参数作用	输入数据类型
lookup_value	要查找的值	数值、引用或文本字符串
table_array	要查找的区域	工作表区域
col_index_num	返回数据在查找区域的列数	正整数
range_lookup	精确匹配/大致匹配	FALSE（精确匹配）/TRUE（大致匹配）

2. SUMIFS 函数

格式：=SUMIFS（求和区域，条件区域1，条件1，条件区域2，条件2，…）。

作用：对区域中满足多个条件的单元格求和。依次判断给定的多个条件，然后只对满足条件的数据进行求和。相对于 SUMIF 函数的单条件求和，SUMIFS 函数可实现多条件求和，功能更强大。

3. COUNTIFS 函数

格式：=COUNTIFS（条件计数区域1，条件1，条件计数区域2，条件2，…）。

作用：统计满足多个指定条件的单元格个数。相对于 COUNTIF 函数的单条件计数，COUNTIFS 函数可实现多条件计数，功能更强大。

4. AVERAGEIFS 函数

格式：=AVERAGEIFS（求平均值区域，条件区域1，条件1，条件区域2，条件2，…）。

作用：对区域中满足多个条件的单元格求平均值，相对于 AVERAGEIF 函数的单条件求平均值，AVERAGEIFS 函数可实现多条件求平均值，功能更强大。

任务实施

1. 使用 VLOOKUP 函数查找仓库出库明细表中"货品名称""单价"列数据

选中 E3 单元格，在"函数参数"对话框中选择或输入 VLOOKUP 函数的相应参数，点击"确定"。选中E3单元格，使用填充柄向下自动填充。"货品名称"列的VLOOKUP函数设置如图2-13所示。

图2-13　"货品名称"列的VLOOKUP函数设置

选中F3单元格，在"函数参数"对话框中选择或输入VLOOKUP函数的相应参数，点击"确定"。选中F3单元格，使用填充柄向下自动填充。"单价"列的VLOOKUP函数设置如图2-14所示。

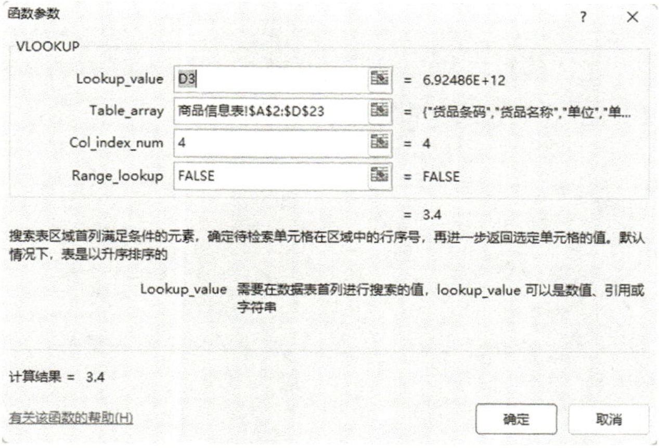

图2-14　"单价"列的VLOOKUP函数设置

学一学——相对引用和绝对引用

Excel中区域的地址引用默认为相对引用，如查找区域参数显示为"商品信息表！A2:D23"。若使用填充柄填充数据，则需要将地址引用修改为绝对引用，在地址前加"$"，查找区域参数设置为"商品信息表！$A$2:$D$23"。

创建公式时，默认情况下，公式使用相对引用，如果公式所在单元格的位置改变，复制后公式中单元格位置相应改变。如果公式使用绝对引用，复制后公式中单元格位置则保持不变。

2. 使用SUMIFS函数统计"银鹭好粥道莲子玉米粥"货品的上半年出库量

选中J4单元格，在"函数参数"对话框中选择或输入SUMIFS函数的相应参数，点击"确定"。SUMIFS函数公式编辑栏中显示：=SUMIFS(G3:G183,B3:B183,">2023年1月1日",B3:B183,"<2023年6月30日",E3:E183,E15)，设置如图2-15所示。

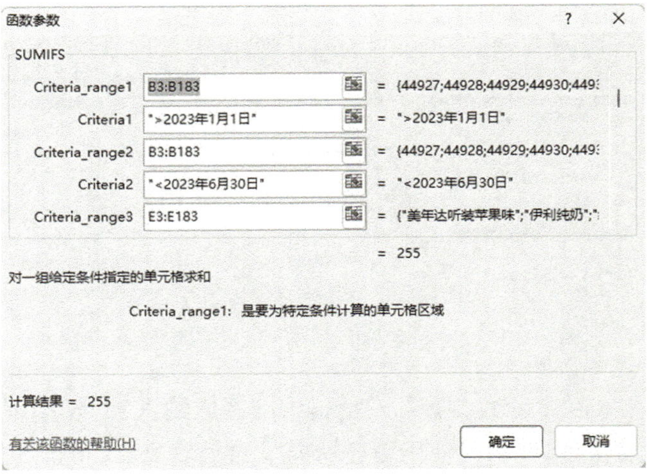

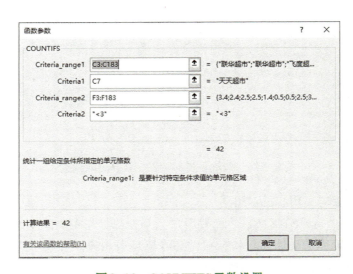

图2-15　SUMIFS函数设置

3. 使用COUNTIFS函数统计天天超市单价低于3元的订单个数

选中J5单元格，在"函数参数"对话框中选择或输入COUNTIFS函数的相应参数，点击"确定"。COUNTIFS函数设置如图2-16所示。

图2-16　COUNTIFS函数设置

4. 使用AVERAGEIFS函数统计飞度超市的伊利金典纯奶的平均出库量

选中J6单元格，在"函数参数"对话框中选择或输入AVERAGEIFS函数的相应参数，点击"确定"。AVERAGEIFS函数设置如图2-17所示。

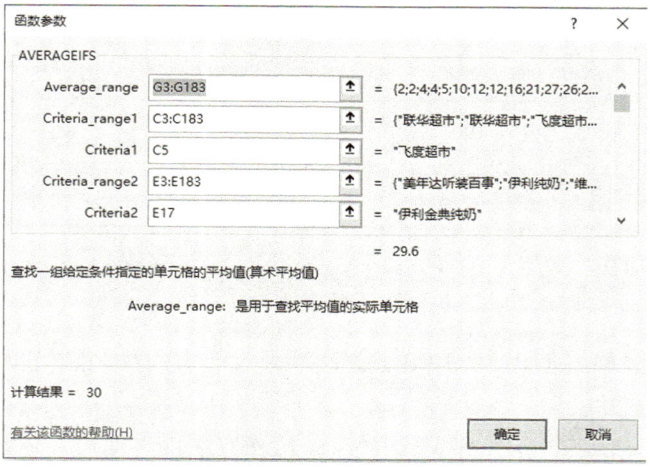

图2-17　AVERAGEIFS函数设置

🌿 **拓展提升**

现有物流中心配送客户数据，需要使用高级函数计算汇总各项数据。请打开如图2-18所示的素材文件，并按要求完成操作。

	A	B	C	D	E	F	G	H	I	J
1	物流中心配送客户数据									
2	送货时间	客户编号	客户名称	客户级别	货品编号	货品名称	数量	单位	价格	总价
3	2022.8.1	KU001			HM912-L	丙烯马克笔12色	10	盒	13.2	
4	2022.8.2	KU001			HM913-L	丙烯马克笔24色	5	盒	27.8	
5	2022.8.2	KU002			HM913-L	丙烯马克笔24色	15	盒	27.8	
6	2022.8.3	KU003			HM912-L	丙烯马克笔12色	18	盒	13.2	
7	2022.8.4	KU003			HM914-L	丙烯马克笔36色	20	盒	38	
8	2022.8.5	KU003			HM915-L	丙烯马克笔48色	10	盒	50.5	
9	2022.8.6	KU004			HM915-L	丙烯马克笔48色	18	盒	50.5	
10	2022.8.7	KU005			HM913-L	丙烯马克笔24色	10	盒	27.8	
11	2022.8.8	KU006			HM915-L	丙烯马克笔48色	15	盒	50.5	
12	2022.8.9	KU007			HM915-L	丙烯马克笔48色	30	盒	50.5	
13	2022.8.10	KU008			HM912-L	丙烯马克笔12色	20	盒	13.2	
14	2022.8.11	KU008			HM915-L	丙烯马克笔48色	25	盒	50.5	
15	2022.8.12	KU009			HM912-L	丙烯马克笔12色	25	盒	13.2	
16	2022.8.13	KU009			HM915-L	丙烯马克笔48色	20	盒	50.5	
17	2022.8.14	KU010			HM912-L	丙烯马克笔12色	25	盒	13.2	
18	2022.8.15	KU011			HM912-L	丙烯马克笔36色	5	盒	38	
19	2022.8.16	KU012			HM914-L	丙烯马克笔36色	15	盒	38	

图2-18　任务二物流中心配送客户数据

操作要求列举如下。

（1）参考"客户资料"工作表（见配套教学资源），使用VLOOKUP函数补齐C列、D列数据。

（2）增加K列，列标题为"应收货款"。按照公司销售政策，批量订货享受价格折扣（见表2-5）。用IF函数嵌套完成应收货款计算。

表2-5   任务二价格折扣

单次单品订购金额（元）	价格折扣（%）
小于500	100
大于或等于500，且小于1000	98
大于或等于1000	96

（3）在N4单元格，使用COUNTIFS函数汇总2022年8月15日前丙烯马克笔12色的订单个数。

（4）在O5单元格，使用SUMIFS函数计算天天超市丙烯马克笔48色的应收货款总计（小数点后保留2位）。

（5）在N6单元格，使用AVERAGEIFS函数计算客户级别为1，丙烯马克笔36色的平均客户订货数量。

（6）创建汇总表，统计各品类丙烯马克笔的订货数量，及占总销量比例（百分比格式，小数点后保留2位）。

📍 任务评价

任务名称			姓名			
考核内容	评价标准		参考分值	考核得分		
				自我评价	小组评价	教师评价
职业素养	认真严谨的学习态度		10			
	数据多重校验的专业行为规范		10			
知识素养	掌握VLOOKUP函数格式设置		15			
	掌握SUMIFS函数、COUNTIFS函数、AVERAGEIFS函数格式设置		15			
技能素养	使用VLOOKUP函数完成数据的查找和引用		30			
	使用SUMIFS函数、COUNTIFS函数、AVERAGEIFS函数完成计算和汇总		20			
小计			100			
合计（自我评价×30%+小组评价×30%+教师评价×40%）						

任务三　编辑公式应用

 知识目标

1.理解常用运算符的含义，掌握各类运算符的编辑和使用。

2.掌握常用函数类型及应用场景。

3.熟悉公式的嵌套逻辑，理解公式引用规则和错误类型。

 能力目标

1.能够编辑各类运算符的公式，灵活使用运算符计算。

2.能够进行单元格地址引用的操作，调试并修正公式错误。

3.能够熟练使用TEXT函数、PRODUCT函数等，实现数据自动化处理。

 情感目标

1.培养严谨细致的学习态度，养成认真耐心的操作习惯。

2.强化规范使用公式的意识。

 工作任务

现有仓库出库明细表和商品信息表，如图2-19、图2-20所示。请根据工作表中已有数据，按要求完成表格计算。

在仓库出库明细表和商品信息表中进行下列数据计算及操作。

（1）使用TEXT函数，生成订单编号：订单编号以字母"D"开头，由出库时间与订单序号合并而成。

（2）使用名称管理器，将商品信息表命名为dd。

（3）使用VLOOKUP函数，补充完整"单价""单位"列。

（4）按照出库时间排序。

（5）使用PRODUCT函数计算总价。

▲	A	B	C	D	E	F	G	H	I
1					仓库出库明细表				
2	订单序号	订单编号	出库时间	客户名称	货品编码	货品名称	单价	单位	出库数量
3	1		2023年1月1日	联华超市	6924862101825	美年达听装苹果味			2
4	2		2023年1月2日	联华超市	6907992502052	伊利纯奶			2
5	3		2023年1月3日	飞度超市	4891028703266	维他奶黑豆味			4
6	4		2023年1月4日	飞度超市	6926892521482	银鹭桂圆莲子八宝粥			4
7	5		2023年1月5日	天天超市	6907992509808	QQ星儿童乳饮品冰淇淋味			5
8	6		2023年1月6日	飞度超市	6923644278595	蒙牛纯甄牛奶			10
9	7		2023年1月7日	飞度超市	6923644278878	蒙牛早餐奶红枣味			12
10	8		2023年1月8日	华联超市	6926892568180	银鹭好粥道椰奶燕麦粥			12
11	9		2023年1月9日	天天超市	6907992507613	QQ星儿童乳饮品草莓味			16
12	10		2023年1月10日	飞度超市	6923644278939	蒙牛早餐奶核桃味			21
13	11		2023年1月11日	天天超市	6923644278847	蒙牛早餐奶麦香味			27
14	12		2023年1月12日	华联超市	4891028703242	维他奶原味			26
15	13		2023年1月13日	飞度超市	6926892565189	银鹭好粥道莲子玉米粥			20
16	14		2023年1月14日	飞度超市	6907992509617	QQ星儿童乳饮品菠萝味			25
17	15		2023年1月15日	飞度超市	6907992507385	伊利金典纯奶			24
18	16		2023年1月16日	飞度超市	6924862101825	美年达听装苹果味			70
19	17		2023年1月17日	天天超市	6926892567183	银鹭好粥道薏仁红豆粥			26
20	18		2023年1月18日	华联超市	6924862101849	美年达听装橙味			3
21	19		2023年1月19日	飞度超市	6907992507651	QQ星儿童乳饮品原味			7
22	20		2023年1月20日	天天超市	6923644240417	蒙牛高钙低脂奶			20
23	21		2023年1月21日	华联超市	6923644241735	蒙牛早餐奶巧克力味			19
24	22		2023年1月22日	天天超市	6926892566186	银鹭好粥道黑米粥			2
25	23		2023年1月23日	联华超市	6907992502052	伊利纯奶			3
26	24		2023年1月24日	联华超市	4891028703266	维他奶黑豆味			3
27	25		2023年1月25日	飞度超市	6926892521482	银鹭桂圆莲子八宝粥			13

图2-19　任务三仓库出库明细表

▲	A	B	C	D	E
1		商品信息表			
2	货品条码	货品名称	单位	第一季度单价	第二季度单价
3	6926892565189	银鹭好粥道莲子玉米粥	罐	2.5	
4	6926892567183	银鹭好粥道薏仁红豆粥	罐	2.5	
5	6926892566186	银鹭好粥道黑米粥	罐	2.5	
6	6926892568180	银鹭好粥道椰奶燕麦粥	罐	2.5	
7	6926892521482	银鹭桂圆莲子八宝粥	罐	2.5	
8	6907992507385	伊利金典纯奶	盒	2.4	
9	6907992502052	伊利纯奶	盒	2.4	
10	6923644240417	蒙牛高钙低脂奶	盒	3.4	
11	6923644241735	蒙牛早餐奶巧克力味	盒	3.4	
12	6907992507613	QQ星儿童乳饮品草莓味	盒	3.4	
13	6907992507651	QQ星儿童乳饮品原味	盒	2.4	
14	6907992509808	QQ星儿童乳饮品冰淇淋味	盒	1.4	
15	6907992509617	QQ星儿童乳饮品菠萝味	盒	4.4	
16	6923644278595	蒙牛纯甄牛奶	盒	0.5	
17	6923644278847	蒙牛早餐奶麦香味	盒	1	
18	6923644278878	蒙牛早餐奶红枣味	盒	0.5	
19	6923644278939	蒙牛早餐奶核桃味	盒	1.8	
20	4891028703266	维他奶黑豆味	盒	2.5	
21	4891028703242	维他奶原味	盒	2.5	
22	6924862101849	美年达听装橙味	听	2.4	
23	6924862101825	美年达听装苹果味	听	3.4	

图2-20　任务三商品信息表

（6）第二季度货品全系列涨价，涨价幅度：盒装4%、听装5%、罐装8%。使用IF函数嵌套计算商品信息表"第二季度单价"列。

任务准备

一、常用运算符

电子表格中的运算符主要有算术运算符、文本运算符、比较运算符和引用运算符。公式中如果使用多种运算符，则按照运算符的优先级别由高到低进行运算，同级运算符从左到右进行运算。运算顺序为引用运算符、算术运算符、文本运算符、比较运算符。

1.算术运算符

对数值型单元格的数据进行运算，运算数据和结果均为数值型数据。常用算术运算符及其含义如表2-6所示。

表2-6　　　　　　　　　　常用算术运算符及其含义

算术运算符	含义	示例
+（加号）	加法运算	=C3+D3
−（减号）	减法运算	=E8−120
	负数	−40
*（星号）	乘法运算	=单价*数量
/（正斜线）	除法运算	=D5/D15
%（百分号）	百分比	30.2%
^（插入符号）	乘方运算	=4^3

2.文本运算符

对文本型数据进行连接，产生文本结果。常用文本运算符及其含义如表2-7所示。

表2-7　　　　　　　　　　常用文本运算符及其含义

文本运算符	含义	示例
&（和）	文本连接	="AB"&"CD"

3.比较运算符

用于比较两个值，产生的结果是逻辑值True或False。比较运算符两端的数据类型要相同，常用比较运算符及其含义如表2-8所示。

表2-8　　　　　　　　　　常用比较运算符及其含义

比较运算符	含义	示例
=（等号）	等于	编号="HM502"

续表

比较运算符	含义	示例
>（大于号）	大于	年龄>60
<（小于号）	小于	单价<3
>=（大于等于号）	大于或等于	订单数>=100
<=（小于等于号）	小于或等于	工资合计<=8000
<>（不等号）	不相等	健康状态<>"健康"

4.引用运算符

引用单元格区域，进行区域运算、联合运算及交叉运算。常用引用运算符及其含义如表2-9所示。

表2-9 　　　　　　　　　　　　常用引用运算符及其含义

引用运算符	含义	示例
:	区域运算	=SUM(C3:C9)
，	联合运算	=SUM(B5，D8)
空格	交叉运算	=SUM(A3:D3 C1:C5)

二、单元格地址引用

工作表中单元格地址用行列编号，公式或函数中需要引用单元格地址，来获取相应单元格中的数据。单元格地址引用方式有三种：相对引用、绝对引用和混合引用。

1.相对引用

默认情况下，在复制公式后引用的单元格地址会相对改变，这种引用是相对引用，如"B7"表示B列的第7个单元格，该地址会随着公式或函数所在单元格的变化自动改变行号和列号，以保持正确。

2.绝对引用

在复制公式后，如果需要公式中的引用位置一直保持不变，可以采用绝对引用。在列号和行号前加"$"符号锁定单元格地址，如"A3"的绝对引用地址为$A$3，该地址不会随着公式或函数所在单元格的变化而改变，始终保持"$A$3"。

3.混合引用

只绝对引用固定的单行或单列，而其他的行或列用相对引用的引用方式，称为混合引用。在列号或行号前加一个"$"符号表示单元格地址，只锁定单元格地址的行或列，如"D7"的混合引用地址是"$D7"或"D$7"。当公式复制到同一工作表中的新位置时，该地址会随着公式或函数所在单元格的变化自动改变行号或列号，而包含"$"的行号或列号不会变化。

在输入公式时，选定公式中的单元格，重复按下F4键，即可切换绝对引用、行的绝对引用、列的绝对引用以及相对引用。

记一记

单元格地址的引用口诀如下。

行号前有钱（$），下拉不变。列号前有钱（$），横拉不变。

列号是字母，$锁在字母前，列不变（如$A1）。

行号是数字，$锁在数字前，行不变（如A$1）。

行列都不变，挂上双锁头（如$A$1）。

三、其他函数

1.TEXT 函数

格式：=TEXT（数字，格式）。

作用：根据指定的数字格式，将数字转换成文本。

2.PRODUCT 函数

格式：=PRODUCT（参数1，参数2，…）。

作用：计算所有参数的乘积，参数可以为单元格数值或区域。

3.SUMPRODUCT 函数

格式：=SUMPRODUCT（区域1，区域2，区域3，…）。

作用：将数组里面的相应元素相乘后，再将乘积求和。

4.MID 函数

格式：=MID（被提取的字符串，指定提取位置，提取的字符数量）。

作用：从一个字符串中截取指定数量的字符。

注意：第1个参数为含有目标文字的单元格名称，第2个参数是文本中要提取的第一个字符的位置。

试一试

提取身份证号码中的出生年月日（使用MID函数）的操作步骤如下。

身份证号码在A1单元格，那么在B1单元格输入公式——=MID(A1，7，8)，从A1单元格的第7个字符开始，提取8个字符，也就是出生年月日信息。操作过程如图2-21所示。按回车键确认，B1单元格就会显示出生年月日。

图2-21　使用MID函数提取出生年月日

四、名称管理器

名称管理器是Excel专门管理工作表名称的工具。使用名称管理器，编辑好名称后，在使用公式时就可以直接引用该名称，而不用选择该名称对应的数据区域，可使数据分析更加简单方便。可按快捷键<Ctrl+F3>进行操作。

🔧 **任务实施**

1. 使用TEXT函数生成订单编号

将字母"D"、出库时间与订单序号合并，生成订单编号。选定B3单元格，编辑公式：="D"&TEXT(C3,"yyyymmdd")&A3。将"出库时间"的日期格式的数字转换为文本格式，如"2023年1月1日"转换成"20230101"，如图2-22所示。按回车键确认后，选中B3单元格，使用填充柄向下自动填充至B183单元格。

图2-22 使用TEXT函数和"&"文本运算符

2. 使用名称管理器命名商品信息表

依次点击"公式"选项卡-【名称管理器】。在"新建名称"对话框中，输入名称"dd"，范围选定为商品信息表，框选出引用位置，点击"确定"。名称管理器设置如图2-23所示。

图2-23 名称管理器设置

3. 使用VLOOKUP函数补充完整"单价""单位"列

（1）补齐"单价"列数据。

光标定位G3单元格，在"函数参数"对话框中选择或输入VLOOKUP函数的相应参数，点击"确定"，如图2-24所示。选中G3单元格，使用填充柄向下自动填充至G183单元格。

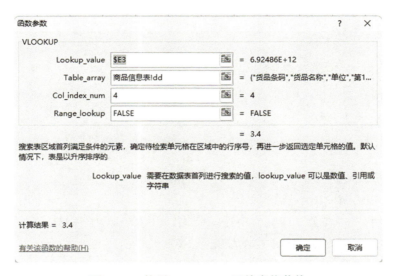

图2-24　使用VLOOKUP函数查找单价

（2）补齐"单位"列数据。

选定H3单元格，在"函数参数"对话框中选择或输入VLOOKUP函数的相应参数，点击"确定"，如图2-25所示。选中H3单元格，使用填充柄向下自动填充至H183单元格。

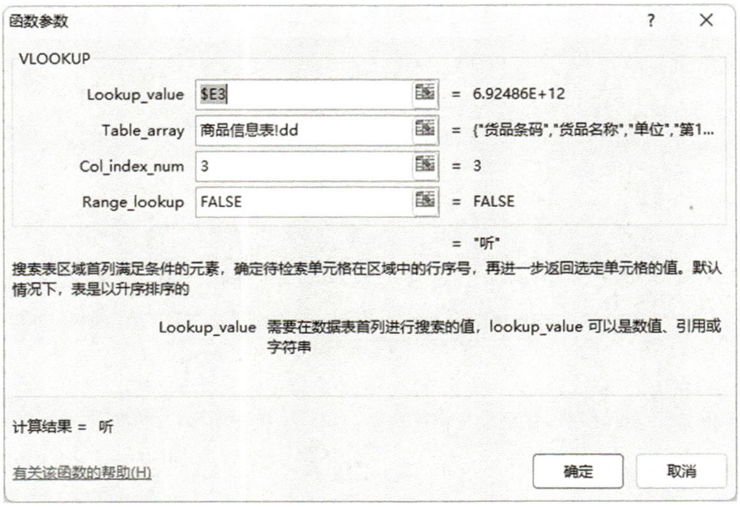

图2-25　使用VLOOKUP函数查找单位

4.按照出库时间排序

依次点击"开始"选项卡–【编辑】组–【排序和筛选】–【自定义排序】。在"排序"对话框中，排序依据选择"出库时间"，点击"确定"，如图2-26所示。

图2-26　按出库时间排序

5.使用PRODUCT函数、SUMPRODUCT函数

（1）使用PRODUCT函数计算总价。

选定J3单元格，在公式编辑栏中输入公式：=PRODUCT(G3,I3)。按回车键确认后，选中J3单元格，使用填充柄向下自动填充至J183单元格。

（2）使用SUMPRODUCT函数计算总价合计。

选定K3单元格，在公式编辑栏中输入公式：=SUMPRODUCT(G3:G183,I3:I183)。按回车键确认。

6.使用IF函数嵌套计算商品信息表"第二季度单价"列

选定E3单元格，在"函数参数"对话框中选择或输入IF函数的相应参数，点击"确定"，如图2-27所示。选中E3单元格，使用填充柄向下自动填充至E23单元格。

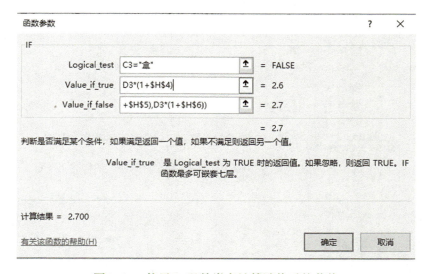

图2-27　使用IF函数嵌套计算涨价后的单价

拓展提升

现有物流中心配送客户数据，需要使用函数计算各项数据。请打开如图2-28、图2-29所示的素材文件，并按要求完成操作。

	A	B	C	D	E	F	G	H	I
1					物流中心配送客户数据				
2	送货时间	客户编号	客户名称	客户级别	货品编码	货品名称	数量	单位	价格
3	2022.8.1	KU001			HM912-L	丙烯马克笔12色	10	盒	13.2
4	2022.8.1	KU001			HM913-L	丙烯马克笔24色	5	盒	27.8
5	2022.8.1	KU002			HM913-L	丙烯马克笔24色	15	盒	27.8
6	2022.8.1	KU003			HM912-L	丙烯马克笔12色	18	盒	13.2
7	2022.8.1	KU003			HM914-L	丙烯马克笔36色	20	盒	38
8	2022.8.1	KU003			HM915-L	丙烯马克笔48色	10	盒	50.5
9	2022.8.1	KU004			HM915-L	丙烯马克笔48色	18	盒	50.5
10	2022.8.1	KU005			HM913-L	丙烯马克笔24色	10	盒	27.8
11	2022.8.1	KU006			HM915-L	丙烯马克笔48色	15	盒	50.5
12	2022.8.1	KU007			HM915-L	丙烯马克笔48色	30	盒	50.5
13	2022.8.1	KU008			HM912-L	丙烯马克笔12色	20	盒	13.2
14	2022.8.1	KU008			HM915-L	丙烯马克笔48色	25	盒	50.5
15	2022.8.1	KU009			HM912-L	丙烯马克笔12色	25	盒	13.2
16	2022.8.1	KU009			HM915-L	丙烯马克笔48色	20	盒	50.5
17	2022.8.1	KU010			HM912-L	丙烯马克笔12色	25	盒	13.2
18	2022.8.1	KU011			HM914-L	丙烯马克笔36色	5	盒	38
19	2022.8.1	KU012			HM914-L	丙烯马克笔36色	15	盒	38

图2-28　任务三物流中心配送客户数据

				物流中心配送客户数据					
送货时间	客户编号	客户名称	客户级别	货品编码	货品名称	数量	规格	单位	价格
2022.8.1	KU001	联华超市	1	HM912-L	丙烯马克笔12色	10	12色/盒	盒	13.2
2022.8.1	KU001	联华超市	1	HM913-L	丙烯马克笔24色	5	24色/盒	盒	27.8
2022.8.1	KU002	飞度超市	2	HM913-L	丙烯马克笔24色	15	24色/盒	盒	27.8
2022.8.1	KU003	天天超市	2	HM912-L	丙烯马克笔12色	18	12色/盒	盒	13.2
2022.8.1	KU003	天天超市	2	HM914-L	丙烯马克笔36色	20	36色/盒	盒	38
2022.8.1	KU003	天天超市	2	HM915-L	丙烯马克笔48色	10	48色/盒	盒	50.5
2022.8.1	KU004	华联超市	3	HM915-L	丙烯马克笔48色	18	48色/盒	盒	50.5
2022.8.1	KU005	宜家超市	1	HM913-L	丙烯马克笔24色	10	24色/盒	盒	27.8
2022.8.1	KU006	佳艺超市	2	HM915-L	丙烯马克笔48色	15	48色/盒	盒	50.5
2022.8.1	KU007	金都超市	4	HM915-L	丙烯马克笔48色	30	48色/盒	盒	50.5
2022.8.1	KU008	名都超市	4	HM912-L	丙烯马克笔12色	20	12色/盒	盒	13.2
2022.8.1	KU008	名都超市	4	HM915-L	丙烯马克笔48色	25	48色/盒	盒	50.5
2022.8.1	KU009	一元超市	3	HM912-L	丙烯马克笔12色	25	12色/盒	盒	13.2
2022.8.1	KU009	一元超市	3	HM915-L	丙烯马克笔48色	20	48色/盒	盒	50.5
2022.8.1	KU010	名苑超市	2	HM912-L	丙烯马克笔12色	25	12色/盒	盒	13.2
2022.8.1	KU011	万佳超市	1	HM914-L	丙烯马克笔36色	5	36色/盒	盒	38
2022.8.1	KU012	聚福超市	2	HM914-L	丙烯马克笔36色	15	36色/盒	盒	38

图2-29　物流中心配送客户数据表格完成效果

操作要求列举如下。

（1）在G列右侧插入1列，命名为"规格"。规格格式：**色/盒。使用MID函数，从"货品名称"列中取"12色""24色""36色""48色"做规格数据。

（2）使用名称管理器，将"客户资料"工作表（见配套教学资源）命名为kh。引用范围是A2:C14，范围使用绝对地址引用。

（3）使用VLOOKUP函数，参考"客户资料"工作表，填充客户名称、客户级别。函数参数要使用名称管理器和混合地址引用。

任务评价

任务名称			姓名		
考核内容	评价标准	参考分值	考核得分		
			自我评价	小组评价	教师评价
职业素养	认真严谨的学习态度	10			
	规范使用公式的专业行为规范	10			
知识素养	了解常用运算符的含义	10			
	了解单元格引用的概念和使用规则	10			
技能素养	会编辑各类运算符的公式，会灵活使用运算符计算	30			
	会进行单元格地址引用的操作	30			
小计		100			
合计（自我评价×30%+小组评价×30%+教师评价×40%）					

任务四　数组公式应用

知识目标

1. 理解数组公式的概念与原理，掌握数组公式的语法规则。
2. 掌握单元格区域的命名方法，熟悉常见应用场景。
3. 了解条件极值的概念，掌握条件极值的统计方法。

能力目标

能够熟练使用数组公式解决批量计算、矩阵运算问题。

情感目标

1. 培养认真严谨的学习态度，养成良好的专业行为规范。
2. 培养数据处理的逻辑性与系统性思维。

工作任务

现有物流企业仓库出库明细表（见图2-30），表中数据显示2023年度各超市各类货品的出库量，需要分别按客户和货品两个维度进行统计汇总。请根据工作表中已有数据，按要求完成新工作表数据计算。

操作要求列举如下。

（1）将仓库出库明细表中单元格区域命名：C列为"khmc"、G列为"hpmc"、I列为"cksl"。

（2）新建"按客户统计"工作表，在工作表中进行下列计算。

①按客户统计订单数量。

②按客户统计最高的出库数量。

③按客户统计最低的出库数量。

④按客户统计平均的出库数量。

订单编号	出库时间	客户名称	客户级别	配送分区	货品编码	货品名称	单价	出库数量
					仓库出库明细表			
DD-001	2023年1月1日	联华超市	1	市南区	6924862101825	美年达听装苹果味	3.4	2
DD-002	2023年1月2日	联华超市	1	市南区	6907992502052	伊利纯奶	2.4	2
DD-003	2023年1月3日	飞度超市	2	市北区	4891028703266	维他奶黑豆味	2.5	4
DD-004	2023年1月4日	飞度超市	2	市北区	6926892521482	银鹭桂圆莲子八宝粥	2.5	4
DD-005	2023年1月5日	天天超市	2	市南区	6907992509808	QQ星儿童乳饮品冰淇淋味	1.4	5
DD-006	2023年1月6日	飞度超市	2	市北区	6923644278595	蒙牛纯甄牛奶	0.5	10
DD-007	2023年1月7日	天天超市	2	市南区	6923644278878	蒙牛早餐奶红枣味	0.5	12
DD-008	2023年1月8日	华联超市	3	市北区	6926892568180	银鹭好粥道椰奶燕麦粥	2.5	12
DD-009	2023年1月9日	天天超市	2	市南区	6907992507613	QQ星儿童乳饮品草莓味	3.4	16
DD-010	2023年1月10日	飞度超市	2	市北区	6923644278939	蒙牛早餐奶核桃味	1.8	21
DD-011	2023年1月11日	天天超市	2	市南区	6923644278847	蒙牛早餐奶麦香味	1	27
DD-012	2023年1月12日	华联超市	3	市北区	4891028703242	维他奶原味	2.5	26
DD-013	2023年1月13日	飞度超市	2	市北区	6926892565189	银鹭好粥道莲子玉米粥	2.5	20
DD-014	2023年1月14日	飞度超市	2	市北区	6907992509617	QQ星儿童乳饮品菠萝味	4.4	25
DD-015	2023年1月15日	飞度超市	2	市北区	6907992507385	伊利金典纯奶	2.4	24
DD-016	2023年1月16日	飞度超市	2	市北区	6924862101825	美年达听装苹果味	3.4	70
DD-017	2023年1月17日	天天超市	2	市南区	6926892567183	银鹭好粥道蜜仁红豆粥	2.5	26
DD-018	2023年1月18日	飞度超市	2	市北区	6924862101849	美年达听装橙味	2.4	3
DD-019	2023年1月19日	飞度超市	2	市北区	6907992507651	QQ星儿童乳饮品原味	2.4	7
DD-020	2023年1月20日	飞度超市	2	市北区	6923644240417	蒙牛高钙低脂奶	3.4	20
DD-021	2023年1月21日	华联超市	3	市北区	6923644241735	蒙牛早餐奶巧克力味	3.4	19
DD-022	2023年1月22日	天天超市	2	市南区	6926892566186	银鹭好粥道黑米粥	2.5	2
DD-023	2023年1月23日	联华超市	1	市南区	6907992502052	伊利纯奶	2.4	3
DD-024	2023年1月24日	联华超市	1	市南区	4891028703266	维他奶黑豆味	2.5	3
DD-025	2023年1月25日	飞度超市	2	市北区	6926892521482	银鹭桂圆莲子八宝粥	2.5	13
DD-026	2023年1月26日	飞度超市	2	市北区	6907992509808	QQ星儿童乳饮品冰淇淋味	1.4	12
DD-027	2023年1月27日	天天超市	2	市南区	6923644278595	蒙牛纯甄牛奶	0.5	20
DD-028	2023年1月28日	天天超市	2	市南区	6923644278878	蒙牛早餐奶红枣味	0.5	25
DD-029	2023年1月29日	天天超市	2	市南区	6926892568180	银鹭好粥道椰奶燕麦粥	2.5	32
DD-030	2023年1月30日	华联超市	3	市北区	6907992507613	QQ星儿童乳饮品草莓味	3.4	27

图2-30　任务四仓库出库明细表

（3）新建"按货品统计"工作表。在工作表中统计各个超市的各类货品出库数量。

任务准备

1.数组公式

数组公式可以在单个公式中同时处理多个值。数组是一系列数字或文本组合起来的一组数据，在公式中数组用大括号"{ }"括起来。数组公式需要按组合键<Ctrl+Shift+Enter>完成输入，因此所有数组公式又叫CSE公式。数组公式的大括号不能手动输入，只能按组合键来完成输入。

相比普通公式，数组公式功能更强，它可以一步完成普通公式几步才能完成的计算。数组公式在计算时，可以把多个数据作为一个整体进行计算，其结果是返回多个数值。普通公式则只返回单个数值，即使在引用时引用了多个数值，但实际需要返回的只是其中的一个。

2.定义名称

在数据量较大、信息较复杂的工作表中，可以对单元格或单元格区域定义名称。这样既便于在不同工作表进行查找和引用，还可以避免公式中反复使用单元格地址，降低计算工作量，减少公式出错。

试一试

操作任务：统计物流班级数量。

操作步骤：定义工作表中A1:A30名称为banji，在C3输入数组公式：{=COUNTIF(banji，"物流")}。操作示意如图2-31所示。

图2-31　操作示意

　　单元格区域定义名称后，在数组公式中引用时，只需要输入定义后的名称，减少了操作步骤，公式简洁易读。

任务实施

1.命名单元格区域

　　在仓库出库明细表中，选中C2至C183单元格，单击鼠标右键选择"定义名称"，在"新建名称"对话框中，输入名称"khmc"，框选出引用位置，点击"确定"。G列、I列重复此步骤，分别输入名称"hpmc""cksl"，分别框选出引用位置$G$2:$G$183、$I$2:$I$183。单元格区域命名如图2-32所示。

2.新建"按客户统计"工作表

　　创建新工作表，双击要命名的工作表选项卡，直接输入名称"按客户统计"即可。在"按客户统计"工作表中输入列标题和行标题。"按客户统计"工作表如图2-33所示。

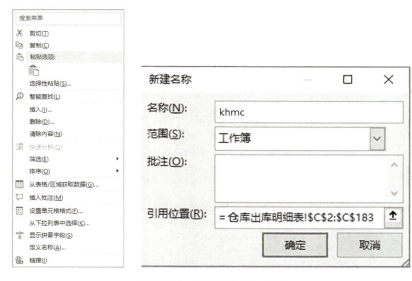

图 2-32　单元格区域命名

	A	B	C	D	E
1					
2	客户	订单数量	出库数量最高	出库数量最低	出库数量平均
3	联华超市				
4	飞度超市				
5	天天超市				
6	华联超市				

图2-33 "按客户统计"工作表

3.按客户统计订单数量（使用COUNTIF函数）

在"按客户统计"工作表中，选中B3单元格，在公式编辑栏中输入公式：=COUNTIF(khmc,$A3)。按回车键确认。选中B3单元格，使用填充柄向下自动填充至B6单元格。使用COUNTIF函数统计订单数量如图2-34所示。

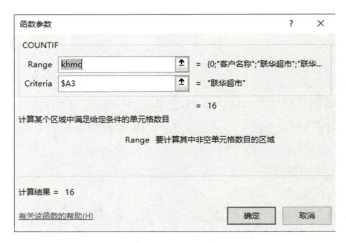

图2-34 使用COUNTIF函数统计订单数量

4.按客户统计出库数量最高

在"按客户统计"工作表中，选中C3单元格，在公式编辑栏中输入公式：=MAX(IF(khmc=A3,cksl))。按组合键<Ctrl+Shift+Enter>输入数组公式：{=MAX(IF(khmc=A3,cksl))}。按回车键确认。选中C3单元格，使用填充柄向下自动填充至C6单元格。使用数组公式统计出库数量最高如图2-35所示。

C3			fx	{=MAX(IF(khmc=A3,cksl))}	

	A	B	C	D	E
1					
2	客户	订单数量	出库数量最高	出库数量最低	出库数量平均
3	联华超市	16	48		
4	飞度超市	74	91		
5	天天超市	57	88		
6	华联超市	34	65		

图2-35 使用数组公式统计出库数量最高

5.按客户统计出库数量最低

在"按客户统计"工作表中，选中D3单元格，在公式编辑栏中输入公式：=MIN(IF(khmc=A3,cksl))。按组合键<Ctrl+Shift+Enter>输入数组公式：{=MIN(IF(khmc=A3,cksl))}。按回车键确认。选中D3单元格，使用填充柄向下自动填充至D6单元格。使用数组公式统计出库数量最低如图2-36所示。

C3				f_x	{=MAX(IF(khmc=A3,cksl))}	
	A	B	C	D	E	
1						
2	客户	订单数量	出库数量最高	出库数量最低	出库数量平均	
3	联华超市	16	48			
4	飞度超市	74	91			
5	天天超市	57	88			
6	华联超市	34	65			

图2-36　使用数组公式统计出库数量最低

6.按客户统计出库数量平均

在"按客户统计"工作表中，选中E3单元格，在公式编辑栏中输入公式：=AVERAGE(IF(khmc=A3,cksl))。按组合键<Ctrl+Shift+Enter>输入数组公式：{=AVERAGE(IF(khmc=A3,cksl))}。按回车键确认。选中E3单元格，使用填充柄向下自动填充至E6单元格。使用数组公式统计出库数量平均如图2-37所示。

E3				f_x	{=AVERAGE(IF(khmc=A3,cksl))}	
	A	B	C	D	E	
1						
2	客户	订单数量	出库数量最高	出库数量最低	出库数量平均	
3	联华超市	16	48	2	15.94	
4	飞度超市	74	91	2	21.65	
5	天天超市	57	88	1	22.54	
6	华联超市	34	65	2	20.47	

图2-37　使用数组公式统计出库数量平均

7.新建"按货品统计"工作表

创建新工作表，双击要命名的工作表选项卡，直接输入名称"按货品统计"即可。在"按货品统计"工作表中输入列标题和行标题。"按货品统计"工作表如图2-38所示。

8.统计各个超市的各类货品出库数量

在"按货品统计"工作表中，以联华超市的银鹭好粥道莲子玉米粥出库数量为例。选中B3单元格，在"函数参数"对话框中选择或输入SUMIFS函数的相应参数，点击"确定"。按组合键<Ctrl+Shift+Enter>输入数组公式：{=SUMIFS(cksl,khmc,"联华超市",hpmc,$A3)}。按回车键确认。选中B3单元格，使用填充柄向下自动填充至 B23 单元格。使用 SUMIFS 函数和数组公式统计各个超市的各类货品出库数量如图 2-39 所示。

货品名称	联华超市出库数量	飞度超市出库数量	天天超市出库数量	华联超市出库数量	出库数量最高	出库数量最低	出库数量平均
银鹭好粥道莲子玉米粥							
银鹭好粥道薏仁红豆粥							
银鹭好粥道黑米粥							
银鹭好粥道椰奶燕麦粥							
银鹭桂圆莲子八宝粥							
伊利金典纯奶							
伊利纯奶							
蒙牛高钙低脂奶							
蒙牛早餐奶巧克力味							
QQ星儿童乳饮品草莓味							
QQ星儿童乳饮品原味							
QQ星儿童乳饮品冰淇淋味							
QQ星儿童乳饮品菠萝味							
蒙牛纯甄牛奶							
蒙牛早餐奶麦香味							
蒙牛早餐奶红枣味							
蒙牛早餐奶核桃味							
维他奶黑豆味							
维他奶原味							

图 2-38　"按货品统计"工作表

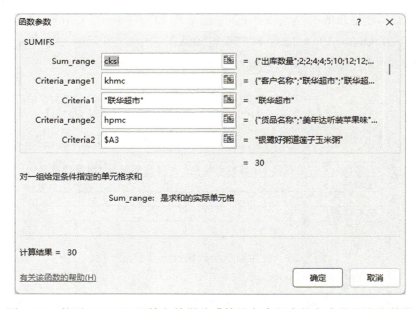

图 2-39　使用 SUMIFS 函数和数组公式统计各个超市的各类货品出库数量

拓展提升

现有物流中心配送客户数据，需要使用函数计算各项数据。请打开如图 2-40 所示的素材文件，并按要求完成操作。

	A	B	C	D	E	F	G	H	I	J	K
1					物流中心配送客户数据						
2	送货时间	客户编号	客户名称	客户级别	货品编号	货品名称	数量	单位	价格	总价	应收货款
3	2022.8.1	KU001	联华超市	1	HM912-L	丙烯马克笔12色	10	盒	13.2	132	132
4	2022.8.1	KU001	联华超市	1	HM913-L	丙烯马克笔24色	5	盒	27.8	139	139
5	2022.8.1	KU002	飞度超市	2	HM913-L	丙烯马克笔24色	15	盒	27.8	417	417
6	2022.8.1	KU003	天天超市	2	HM912-L	丙烯马克笔12色	18	盒	13.2	237.6	237.6
7	2022.8.1	KU003	天天超市	2	HM914-L	丙烯马克笔36色	20	盒	38	760	744.8
8	2022.8.1	KU003	天天超市	2	HM915-L	丙烯马克笔48色	10	盒	50.5	505	494.9
9	2022.8.1	KU004	华联超市	3	HM915-L	丙烯马克笔48色	18	盒	50.5	909	890.82
10	2022.8.1	KU005	宜家超市	1	HM913-L	丙烯马克笔24色	10	盒	27.8	278	278
11	2022.8.1	KU006	佳艺超市	2	HM915-L	丙烯马克笔48色	15	盒	50.5	757.5	742.35
12	2022.8.1	KU007	金都超市	4	HM915-L	丙烯马克笔48色	30	盒	50.5	1515	1454.4
13	2022.8.1	KU008	名都超市	4	HM912-L	丙烯马克笔12色	20	盒	13.2	264	264
14	2022.8.1	KU008	名都超市	4	HM915-L	丙烯马克笔48色	25	盒	50.5	1262.5	1212
15	2022.8.1	KU009	一元超市	3	HM912-L	丙烯马克笔12色	25	盒	13.2	330	330
16	2022.8.1	KU009	名都超市	4	HM915-L	丙烯马克笔48色	20	盒	50.5	1010	969.6
17	2022.8.1	KU010	名苑超市	2	HM912-L	丙烯马克笔12色	25	盒	13.2	330	330
18	2022.8.1	KU011	万佳超市	1	HM914-L	丙烯马克笔36色	5	盒	38	190	190
19	2022.8.1	KU012	聚福超市	2	HM914-L	丙烯马克笔36色	15	盒	38	570	558.6

图2-40　任务四物流中心配送客户数据

操作要求列举如下。

（1）统计各客户的货品数量。

（2）统计各种货品的最高和最低的订购量。

（3）统计客户应收货款的最高值和最低值。

（4）按照客户级别统计客户数量。

任务评价

任务名称			姓名			
考核内容	评价标准	参考分值	考核得分			
			自我评价	小组评价	教师评价	
职业素养	认真严谨的学习态度	10				
	数据多重校验的专业行为规范	10				
知识素养	了解数组公式的概念	10				
	了解条件极值的概念	10				
技能素养	会使用常用的数组公式	20				
	能进行单元格区域的命名	20				
	能使用条件极值的统计方法	20				
小计		100				
合计（自我评价×30%+小组评价×30%+教师评价×40%）						

项目三 数据管理与查询

任务一　数据管理分析

知识目标

1.了解数据清单的概念。

2.掌握数据排序、数据筛选、分类汇总和合并计算的操作。

能力目标

综合运用以上知识，完成实际工作中的数据处理。

情感目标

1.培养认真严谨的学习态度，养成良好的专业行为规范。

2.重视数据价值，强化数据安全意识，确保数据准确性。

工作任务

打开素材文件，查看如图3-1所示的数据清单，并按照要求完成排序、筛选、分类汇总、合并计算等操作。

订单编号	出库时间	客户名称	客户级别	配送分区	货品编码	货品名称	单价	出库数量
DD-179	2023年6月28日	天天超市	2	市南区	6926892521482	银鹭桂圆莲子八宝粥	2.5	23
DD-176	2023年6月25日	天天超市	2	市南区	6926892566186	银鹭好粥道黑米粥	2.5	14
DD-170	2023年6月19日	天天超市	2	市南区	6924862101825	美年达听装苹果味	3.4	88
DD-168	2023年6月17日	天天超市	2	市南区	6907992509617	Q星儿童乳饮品菠萝味	4.4	29
DD-166	2023年6月15日	天天超市	2	市南区	4891028703242	维他奶原味	2.5	40
DD-164	2023年6月13日	天天超市	2	市南区	6923644278939	蒙牛早餐奶核桃味	1.8	21
DD-159	2023年6月8日	天天超市	2	市南区	6907992509808	星儿童乳饮品冰淇淋	1.4	4
DD-157	2023年6月6日	天天超市	2	市南区	4891028703266	维他奶黑豆味	2.5	6
DD-154	2023年6月3日	天天超市	2	市南区	6923644241735	蒙牛早餐奶巧克力味	3.4	18
DD-148	2023年5月28日	天天超市	2	市南区	6907992509617	Q星儿童乳饮品菠萝味	4.4	22
DD-146	2023年5月26日	天天超市	2	市南区	4891028703242	维他奶原味	2.5	26
DD-144	2023年5月24日	天天超市	2	市南区	6923644278939	蒙牛早餐奶核桃味	1.8	16
DD-142	2023年5月22日	天天超市	2	市南区	6926892568180	银鹭好粥道椰奶燕麦粥	2.5	9
DD-137	2023年5月17日	天天超市	2	市南区	6923644241735	蒙牛早餐奶巧克力味	3.4	17
DD-135	2023年5月15日	天天超市	2	市南区	6907992507651	QQ星儿童乳饮品原味	2.4	5
DD-132	2023年5月12日	天天超市	2	市南区	6924862101825	美年达听装苹果味	3.4	73
DD-130	2023年5月10日	天天超市	2	市南区	6907992509617	Q星儿童乳饮品菠萝味	4.4	22
DD-127	2023年5月7日	天天超市	2	市南区	6923644278847	蒙牛早餐奶麦香味	1	21
DD-121	2023年5月1日	天天超市	2	市南区	6907992509808	星儿童乳饮品冰淇淋	1.4	7
DD-119	2023年4月29日	天天超市	2	市南区	6926892566186	银鹭好粥道黑米粥	2.5	7
DD-117	2023年4月27日	天天超市	2	市南区	6923644240417	蒙牛高钙低脂奶	3.4	37
DD-115	2023年4月25日	天天超市	2	市南区	6924862101849	美年达听装橙味	2.4	1
DD-110	2023年4月20日	天天超市	2	市南区	6926892565189	银鹭好粥道莲子玉米	2.5	39
DD-108	2023年4月18日	天天超市	2	市南区	6923644278847	蒙牛早餐奶麦香味	1	49

图3-1　数据清单

 **任务准备**

Excel不但具有计算或处理数据的能力，还具有强大的数据管理、分析功能，常用操作，如数据排序、筛选以及分类汇总等，都是基于数据清单实现的。

1.数据清单

数据清单是一种包含一行列标题和多行数据且每行同列数据的类型和格式完全相同的Excel工作表。构建数据清单时要遵循以下原则。

（1）列标题应位于数据清单的第一行，用以查找和组织数据、创建报告。

（2）同一列中各行数据项的类型和格式应当完全相同。

（3）避免在数据清单中间放置空白的行或列，但需将数据清单和其他数据隔开时，应在它们之间留出至少一个空白的行或列。

（4）不得在数据清单内出现任何合并单元格。

（5）尽量在一张工作表上建立一个数据清单。

2.排序

排序是将某些数据按从小到大或从大到小的顺序进行排列。排序方式有升序和降序两种。简单的列排序可通过"数据"选项卡【排序和筛选】组中的升序按钮和降序按钮来完成。但是对于一些条件要求高的排序，需要打开"排序"对话框，根据实际要求"添加条件"完成排序。"排序"对话框如图3-2所示。

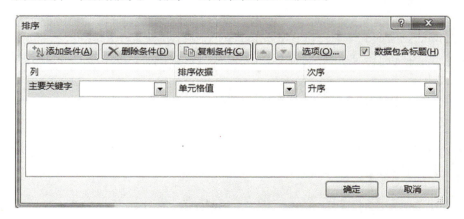

图3-2 "排序"对话框

3.筛选

筛选使数据清单中只显示满足指定条件的数据记录，而将不满足指定条件的数据记录在视图中隐藏起来。Excel中有自动筛选和高级筛选两种形式。

（1）自动筛选。

通过"数据"选项卡【排序和筛选】组中的筛选按钮实现，同时也可以打开"自定义自动筛选方式"对话框完成要求稍高的筛选操作。"自定义自动筛选方式"对话框如图3-3所示。

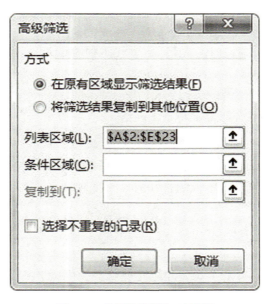

图3-3　"自定义自动筛选方式"对话框

（2）高级筛选。

高级筛选可实现不同字段之间复杂条件的筛选。高级筛选前必须在工作表中建立一个条件区域，输入各条件的字段名和条件值。条件区域与数据区域之间必须由空白行或空白列隔开。"与"关系的条件必须出现在同一行，"或"关系的条件不能出现在同一行。

单击"数据"选项卡-【排序和筛选】组-高级按钮，打开"高级筛选"对话框，如图3-4所示。依次按要求选择列表区域、条件区域，即可完成高级筛选。

图3-4　"高级筛选"对话框

4.分类汇总

分类汇总是指将数据清单的数据按某列（分类字段）排序后进行分类，然后对相同类别记录的某些列（汇总项）进行汇总统计（求和、求平均值、计数、求最大值、求最小值）。在执行"分类汇总"命令之前，必须按分类字段进行排序。分类汇总的操作要在"分类汇总"对话框中完成，如图3-5所示。

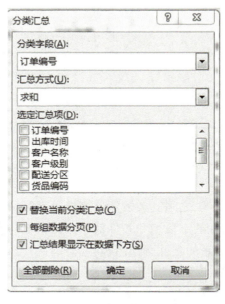

图3-5 "分类汇总"对话框

5.合并计算

合并计算，就是将多个相似格式的工作表或数据区域，按指定的方式进行自动匹配计算，合并到一个新的区域中。其计算方式不但有求和，也有计数、求平均值、乘积等。

将字表区域中的第一列作为行标题，将其他列作为列字段。如果列字段名相同，就汇总；如果不同，就并列显示（仅限于数值）。

例如，快递人员要将一年12个月的个人工资进行求和，计算每人的年工资，但12个月的数据分别在12张工作表中，而且各表姓名的顺序是不同的，这时可以用合并计算中的求和，一次性分别算出各人的合计数。

任务实施

打开"项目三任务一工作任务素材"工作簿，完成以下操作。

1.排序

（1）按照出库时间升序排序。

创建副本"简单排序"，将光标定位在非空单元格上，依次单击"数据"选项卡–【排序和筛选】组中的排序按钮，打开"排序"对话框，设置主要关键字为"出库时间"，次序为"升序"，点击"确定"，如图3-6所示。

图3-6　出库时间升序排序

（2）先按照客户名称升序排序，再按照出库数量降序排序。

创建副本"多关键字排序"。将光标定位在非空单元格上，依次单击"数据"选项卡-【排序和筛选】组中的排序按钮，打开"排序"对话框，参照图3-7，完成设置，点击"确定"。

图3-7　客户名称升序排序和出库数量降序排序

2.筛选

（1）筛选客户级别为3的客户订单。

创建副本"筛选1"，将光标定位至非空单元格，先后单击"数据"选项卡-【排序和筛选】组中的筛选按钮，此时，每个字段右侧出现向下的三角符号。单击"客户级别"右侧该符号，打开对话框，先取消全选，再勾选"3"，此时将客户级别为"3"的数据筛选出来。注意：再次单击"筛选"即可将被屏蔽的数据完整显示。

（2）筛选市北区、客户级别大于或等于3的客户订单。

创建副本"筛选2"，将光标定位至非空单元格，先后单击"数据"选项卡-【排序和筛选】组中的筛选按钮，点击"配送分区"右侧三角符号，打开对话框，先取消全选，再勾选"市北区"，点击"确定"。继续点击"客户级别"右侧三角符号，打开如图3-8所示的对话框，参照设置，点击"确定"，完成筛选。

图3-8　设置客户级别的筛选条件

（3）筛选市北区、客户级别大于或等于3且出库时间为第一季度的客户订单。

创建副本"筛选3"，"市北区"、"客户级别大于或等于3"的筛选，参照上一步骤。单击"出库时间"右侧三角符号，取消全选，勾选"1月""2月""3月"，点击"确定"，完成筛选。

3.分类汇总：按照货品名称统计出库数量的总计

创建副本"分类汇总"，单击"数据"选项卡-【排序和筛选】组中的排序按钮，货品名称升序排序如图3-9所示。注意：分类汇总之前都需要对分类依据的列进行排序，其目的是将相同值的行集中到一起。

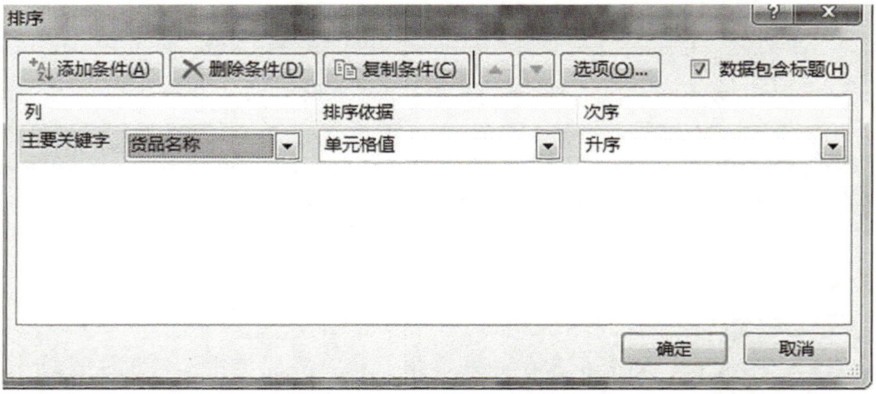

图3-9　货品名称升序排序

将光标定位至非空单元格，单击"数据"选项卡-【分级显示】组中的分类汇总按钮，打开如图3-10所示的对话框，参照完成设置。点击"确定"后，系统自动按照货品名称分类汇总，计算出库数量。分类汇总结果如图3-11所示。

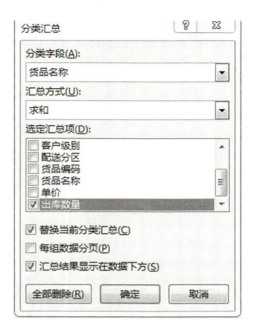

图3-10　分类汇总设置

行	A 订单编号	B 出库时间	C 客户名称	D 客户级别	E 配送分区	F 货品编码	G 货品名称	H 单价	I 出库数量
2	DD-159	2023年6月8日	天天超市	2	市南区	6907992509808	QQ星儿童乳饮品冰淇淋	1.4	4
3	DD-121	2023年5月1日	天天超市	2	市南区	6907992509808	QQ星儿童乳饮品冰淇淋	1.4	7
4	DD-061	2023年3月2日	天天超市	2	市南区	6907992509808	QQ星儿童乳饮品冰淇淋	1.4	7
5	DD-044	2023年2月13日	天天超市	2	市南区	6907992509808	QQ星儿童乳饮品冰淇淋	1.4	4
6	DD-005	2023年1月5日	天天超市	2	市南区	6907992509808	QQ星儿童乳饮品冰淇淋	1.4	5
7	DD-139	2023年5月19日	联华超市	1	市南区	6907992509808	QQ星儿童乳饮品冰淇淋	1.4	4
8	DD-180	2023年6月29日	华联超市	3	市北区	6907992509808	QQ星儿童乳饮品冰淇淋	1.4	28
9	DD-102	2023年4月12日	飞度超市	2	市北区	6907992509808	QQ星儿童乳饮品冰淇淋	1.4	16
10	DD-081	2023年3月22日	飞度超市	2	市北区	6907992509808	QQ星儿童乳饮品冰淇淋	1.4	7
11	DD-026	2023年1月26日	飞度超市	2	市北区	6907992509808	QQ星儿童乳饮品冰淇淋	1.4	12
12							QQ星儿童乳饮品冰淇淋味 汇总		94
13	DD-168	2023年6月17日	天天超市	2	市南区	6907992509617	QQ星儿童乳饮品菠萝	4.4	29
14	DD-148	2023年5月28日	天天超市	2	市南区	6907992509617	QQ星儿童乳饮品菠萝	4.4	22
15	DD-130	2023年5月10日	天天超市	2	市南区	6907992509617	QQ星儿童乳饮品菠萝	4.4	22
16	DD-053	2023年2月22日	天天超市	2	市南区	6907992509617	QQ星儿童乳饮品菠萝	4.4	23
17	DD-111	2023年4月21日	联华超市	1	市南区	6907992509617	QQ星儿童乳饮品菠萝	4.4	48
18	DD-090	2023年3月31日	联华超市	1	市南区	6907992509617	QQ星儿童乳饮品菠萝	4.4	20
19	DD-070	2023年3月11日	飞度超市	2	市北区	6907992509617	QQ星儿童乳饮品菠萝	4.4	29
20	DD-035	2023年2月4日	飞度超市	2	市北区	6907992509617	QQ星儿童乳饮品菠萝	4.4	53
21	DD-014	2023年1月14日	飞度超市	2	市北区	6907992509617	QQ星儿童乳饮品菠萝	4.4	25
22							QQ星儿童乳饮品菠萝味 汇总		271
23	DD-009	2023年1月9日	天天超市	2	市南区	6907992507613	QQ星儿童乳饮品草莓	3.4	16
24	DD-106	2023年4月16日	华联超市	3	市北区	6907992507613	QQ星儿童乳饮品草莓	3.4	35
25	DD-065	2023年3月6日	华联超市	3	市北区	6907992507613	QQ星儿童乳饮品草莓	3.4	13
26	DD-030	2023年1月30日	华联超市	3	市北区	6907992507613	QQ星儿童乳饮品草莓	3.4	27
27	DD-163	2023年6月12日	飞度超市	2	市北区	6907992507613	QQ星儿童乳饮品草莓	3.4	15
28	DD-143	2023年5月23日	飞度超市	2	市北区	6907992507613	QQ星儿童乳饮品草莓	3.4	14
29	DD-125	2023年5月5日	飞度超市	2	市北区	6907992507613	QQ星儿童乳饮品草莓	3.4	18
30	DD-085	2023年3月26日	飞度超市	2	市北区	6907992507613	QQ星儿童乳饮品草莓	3.4	15
31	DD-048	2023年2月17日	飞度超市	2	市北区	6907992507613	QQ星儿童乳饮品草莓	3.4	20
32							QQ星儿童乳饮品草莓味 汇总		173

图3-11　分类汇总结果

（1）分级显示。

只显示出库数量总计，忽略货品名称差异。单击分类汇总结果行号左侧的按钮"1"，只显示一级汇总结果，如图3-12所示。

1 2 3		A	B	C	D	E	F	G	H	I	J
	1	订单编号	出库时间	客户名称	客户级别	配送分区	货品编码	货品名称	单价	出库数量	
+	204							总计		3838	
	205										
	206										

图3-12 一级汇总结果

（2）按货品名称显示汇总结果。

单击分类汇总结果行号左侧的按钮"2"，可显示各货品汇总情况及总计，如图3-13所示。单击左侧的"+"按钮，可以展开对应货品的明细；单击"-"按钮可以实现折叠显示。

1 2 3		A	B	C	D	E	F	G	H	I
	1	订单编号	出库时间	客户名称	客户级别	配送分区	货品编码	货品名称	单价	出库数量
+	12							QQ星儿童乳饮品冰淇淋味 汇总		94
+	22							QQ星儿童乳饮品菠萝味 汇总		271
+	32							QQ星儿童乳饮品草莓味 汇总		173
+	42							QQ星儿童乳饮品原味 汇总		69
+	53							美年达听装苹果味 汇总		559
+	60							美年达听装橙味 汇总		14
+	71							蒙牛纯甄牛奶 汇总		128
+	81							蒙牛高钙低脂奶 汇总		239
+	91							蒙牛早餐奶核桃味 汇总		207
+	101							蒙牛早餐奶红枣味 汇总		148
+	111							蒙牛早餐奶麦香味 汇总		249
+	121							蒙牛早餐奶巧克力味 汇总		257
+	128							维他奶黑豆味 汇总		28
+	138							维他奶原味 汇总		296
+	145							伊利纯奶 汇总		21
+	155							伊利金典纯奶 汇总		254
+	166							银鹭桂圆莲子八宝粥 汇总		84
+	173							银鹭好粥道黑米粥 汇总		29
+	183							银鹭好粥道莲子玉米粥 汇总		255
+	193							银鹭好粥道椰奏麦粥 汇总		133
+	203							银鹭好粥道薏仁红豆粥 汇总		330
-	204							总计		3838
	205									

图3-13 二级汇总结果

（3）显示明细数据。

单击分类汇总结果行号左侧的按钮"3"，则可以显示各级汇总情况和数据明细，如图3-14所示。

4.合并计算：各货品的出库数量

创建副本"合并计算"，复制数据清单（见图3-1）的内容。光标定位至L1单元格，单击"数据"选项卡–【数据工具】组的合并计算按钮，打开如图3-15所示的对话框。"函数"默认为"求和"，检查"所有引用位置"是否为空，如果有数据，先选中，再删除。设置"引用位置"，打开如图3-16所示的对话框。光标定位至G1单元格，鼠标拖动至I182单元格，点击右侧箭头，点击"添加"，勾选"首行""最左列"，点击"确定"，如图3-17所示。显示相应数据，删除"单价"列。

1 2 3		A	B	C	D	E	F	G	H	I
	1	订单编号	出库时间	客户名称	客户级别	配送分区	货品编码	货品名称	单价	出库数量
	2	DD-159	2023年6月8日	天天超市	2	市南区	6907992509808	星儿蜜乳饮品冰淇淋	1.4	4
	3	DD-121	2023年5月1日	天天超市	2	市南区	6907992509808	星儿蜜乳饮品冰淇淋	1.4	7
	4	DD-061	2023年3月2日	天天超市	2	市南区	6907992509808	星儿蜜乳饮品冰淇淋	1.4	7
	5	DD-044	2023年2月13日	天天超市	2	市南区	6907992509808	星儿蜜乳饮品冰淇淋	1.4	4
	6	DD-005	2023年1月5日	天天超市	2	市南区	6907992509808	星儿蜜乳饮品冰淇淋	1.4	5
	7	DD-139	2023年5月19日	联华超市	1	市南区	6907992509808	星儿蜜乳饮品冰淇淋	1.4	4
	8	DD-180	2023年6月29日	华联超市	3	市北区	6907992509808	星儿蜜乳饮品冰淇淋	1.4	28
	9	DD-102	2023年4月12日	飞度超市	2	市北区	6907992509808	星儿蜜乳饮品冰淇淋	1.4	16
	10	DD-081	2023年3月22日	飞度超市	2	市北区	6907992509808	星儿蜜乳饮品冰淇淋	1.4	7
	11	DD-026	2023年1月26日	飞度超市	2	市北区	6907992509808	星儿蜜乳饮品冰淇淋	1.4	12
	12							QQ星儿蜜乳饮品冰淇淋味 汇总		94
	13	DD-168	2023年6月17日	天天超市	2	市南区	6907992509617	Q星儿蜜乳饮品菠萝	4.4	29
	14	DD-148	2023年5月28日	天天超市	2	市南区	6907992509617	Q星儿蜜乳饮品菠萝	4.4	22
	15	DD-130	2023年5月10日	天天超市	2	市南区	6907992509617	Q星儿蜜乳饮品菠萝	4.4	22
	16	DD-053	2023年2月22日	天天超市	2	市南区	6907992509617	Q星儿蜜乳饮品菠萝	4.4	23
	17	DD-111	2023年4月21日	联华超市	1	市南区	6907992509617	Q星儿蜜乳饮品菠萝	4.4	48
	18	DD-090	2023年3月31日	联华超市	1	市南区	6907992509617	Q星儿蜜乳饮品菠萝	4.4	20
	19	DD-070	2023年3月11日	飞度超市	2	市北区	6907992509617	Q星儿蜜乳饮品菠萝	4.4	29
	20	DD-035	2023年2月4日	飞度超市	2	市北区	6907992509617	Q星儿蜜乳饮品菠萝	4.4	53
	21	DD-014	2023年1月14日	飞度超市	2	市北区	6907992509617	Q星儿蜜乳饮品菠萝	4.4	25
	22							QQ星儿蜜乳饮品菠萝味 汇总		271
	23	DD-009	2023年1月9日	天天超市	2	市南区	6907992507613	Q星儿蜜乳饮品草莓	3.4	16
	24	DD-106	2023年4月16日	华联超市	3	市北区	6907992507613	Q星儿蜜乳饮品草莓	3.4	35
	25	DD-065	2023年3月6日	华联超市	3	市北区	6907992507613	Q星儿蜜乳饮品草莓	3.4	13
	26	DD-030	2023年1月30日	华联超市	3	市北区	6907992507613	Q星儿蜜乳饮品草莓	3.4	27
	27	DD-163	2023年6月12日	飞度超市	2	市北区	6907992507613	Q星儿蜜乳饮品草莓	3.4	15
	28	DD-143	2023年5月23日	飞度超市	2	市北区	6907992507613	Q星儿蜜乳饮品草莓	3.4	14
	29	DD-125	2023年5月5日	飞度超市	2	市北区	6907992507613	Q星儿蜜乳饮品草莓	3.4	18
	30	DD-085	2023年3月26日	飞度超市	2	市北区	6907992507613	Q星儿蜜乳饮品草莓	3.4	15
	31	DD-048	2023年2月17日	飞度超市	2	市北区	6907992507613	Q星儿蜜乳饮品草莓	3.4	20
	32							QQ星儿蜜乳饮品草莓味 汇总		173

图3-14 各级汇总情况和数据明细

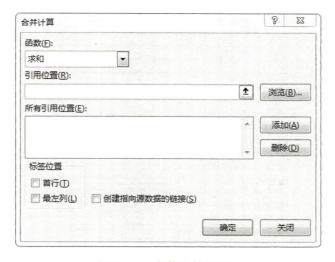

图3-15 合并计算设置1

图3-16 合并计算-引用位置

67

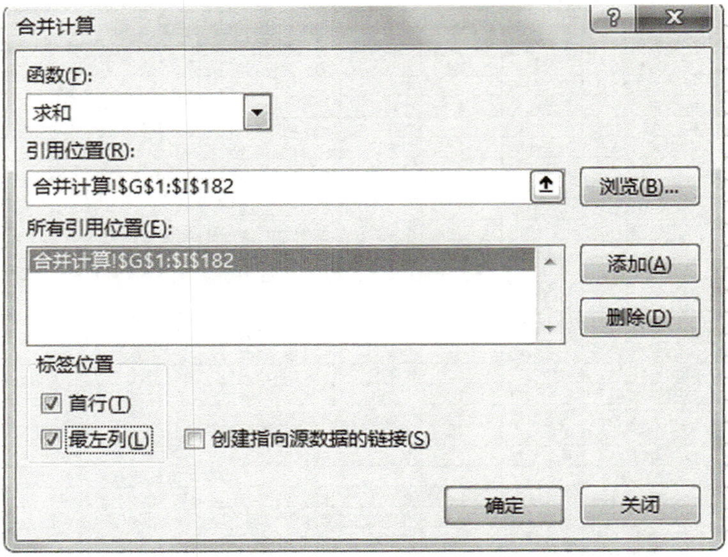

图3-17　合并计算设置2

选中L1单元格，输入"货品名称"。选中"L1：M22"单元格区域，设置"所有框线"。最终效果如图3-18所示。

货品名称	出库数量
银鹭桂圆莲子八宝粥	84
银鹭好粥道黑米粥	29
美年达听装苹果味	559
QQ星儿童乳饮品菠萝味	271
维他奶原味	296
蒙牛早餐奶核桃味	207
QQ星儿童乳饮品冰淇淋味	94
维他奶黑豆味	28
蒙牛早餐奶巧克力味	257
银鹭好粥道椰奶燕麦粥	133
QQ星儿童乳饮品原味	69
蒙牛早餐奶麦香味	249
蒙牛高钙低脂奶	239
美年达听装橙味	14
银鹭好粥道莲子玉米粥	255
伊利纯奶	21
银鹭好粥道薏仁红豆粥	330
蒙牛早餐奶红枣味	148
伊利金典纯奶	254
蒙牛纯甄牛奶	128
QQ星儿童乳饮品草莓味	173

图3-18　合并计算各货品的出库数量

注意：此处的合并计算，运用分类汇总也能完成。但使用分类汇总前需要将数据按照"货品名称"先排序，使得相同值的行集中到一起。合并计算无须进行此操作，

68

但一定注意引用位置的选择。当然合并计算还可以跨工作表、跨工作薄等，其他案例继续深化学习。

拓展提升

打开素材文件，查看"物流中心配送客户数据"工作表（见配套教学资源），分别完成以下操作。

（1）创建副本"数据排序"，实现先按照客户级别降序排序，再按照产品编码降序排序。

（2）创建副本"数据筛选"，筛选出上午送货、客户级别最高的客户订单中应收货款最高的产品。

（3）创建副本"分类汇总"，汇总出不同时间段配送的客户数。

（4）创建副本"合并计算"，计算在 2022 年 8 月 1 日配送的各产品的数量。该操作对比使用"分类汇总"完成，谈谈二者的不同之处。

任务评价

任务名称			姓名			
考核内容	评价标准		参考分值	考核得分		
				自我评价	小组评价	教师评价
职业素养	处理复杂数据的耐心、细心		10			
	对数据安全性的重视		10			
知识素养	掌握数据排序的操作		10			
	掌握数据筛选的操作		10			
	掌握数据分类汇总的操作		10			
	掌握数据合并计算的操作		20			
技能素养	综合运用所学知识，完成实际工作中的数据处理		30			
小计			100			
合计（自我评价 ×30%+小组评价 ×30%+教师评价 ×40%）						

任务二　数据透视表的创建

知识目标

1.理解数据透视表的概念及作用。
2.掌握数据透视表字段的设置方法。
3.掌握数据透视表内容和格式调整的方法。

能力目标

能够灵活应用数据透视功能解决实际工作问题。

情感目标

1.培养认真严谨的学习态度，养成良好的专业行为规范。
2.培养高效处理复杂数据的耐心，激发对数据分析的兴趣。

工作任务

打开素材文件，查看名称为"出库明细表""入库明细表""期初库存"的工作表，使用数据透视表完成数据整理以及分析。出库明细表如图3–19所示。

任务准备

1.数据透视表的概念及作用

数据透视表和数据筛选、排序一样，都是Excel菜单栏中的一项数据处理工具。它是一种交互式表格，可以完成某些计算，如求和与计数等。数据透视表可以动态地改变其版面布置，以便按照不同方式分析数据，也可以重新安排行号、列标和页字段。

	A	B	C	D	E	F	G	H	I	J
1	订单编号	出库时间	客户名称	客户级别	配送分区	货品编码	货品名称	单价	单位	出库数量
2	DD-001	2023年1月1日	联华超市	1	市南区	6924862101825	美年达听装苹果味	3.4	听	2
3	DD-002	2023年1月2日	联华超市	1	市南区	6907992502052	伊利纯奶	2.4	盒	2
4	DD-003	2023年1月3日	飞度超市	2	市北区	4891028703266	维他奶黑豆味	2.5	盒	4
5	DD-004	2023年1月4日	飞度超市	2	市北区	6926892521482	银鹭桂圆莲子八宝粥	2.5	罐	4
6	DD-005	2023年1月5日	天天超市	2	市南区	6907992509808	QQ星儿童乳饮品冰淇淋味	1.4	盒	5
7	DD-006	2023年1月6日	飞度超市	2	市北区	6923644278595	蒙牛纯甄牛奶	0.5	盒	10
8	DD-007	2023年1月7日	天天超市	2	市南区	6923644278878	蒙牛早餐奶红枣味	0.5	盒	12
9	DD-008	2023年1月8日	华联超市	3	市北区	6926892568180	银鹭好粥道椰奶燕麦粥	2.5	罐	12
10	DD-009	2023年1月9日	飞度超市	2	市北区	6907992507613	QQ星儿童乳饮品草莓味	3.4	盒	16
11	DD-010	2023年1月10日	飞度超市	2	市北区	6923644278939	蒙牛早餐奶核桃味	1.8	盒	21
12	DD-011	2023年1月11日	飞度超市	2	市北区	6923644278847	蒙牛早餐奶麦香味	1	盒	27
13	DD-012	2023年1月12日	华联超市	3	市北区	4891028703242	维他奶原味	2.5	盒	26
14	DD-013	2023年1月13日	飞度超市	2	市北区	6926892565189	银鹭好粥道莲子玉米粥	2.5	罐	20
15	DD-014	2023年1月14日	飞度超市	2	市北区	6907992509617	QQ星儿童乳饮品菠萝味	4.4	盒	25
16	DD-015	2023年1月15日	飞度超市	2	市北区	6907992507385	伊利金典纯奶	2.4	盒	24
17	DD-016	2023年1月16日	飞度超市	2	市北区	6924862101825	美年达听装苹果味	3.4	听	70
18	DD-017	2023年1月17日	天天超市	2	市南区	6926892567183	银鹭好粥道薏仁红豆粥	2.5	罐	26
19	DD-018	2023年1月18日	华联超市	3	市北区	6924862101849	美年达听装橙味	2.4	听	3
20	DD-019	2023年1月19日	飞度超市	2	市北区	6907992507651	QQ星儿童乳饮品原味	2.4	盒	7
21	DD-020	2023年1月20日	天天超市	2	市南区	6923644240417	蒙牛高钙低脂奶	3.4	盒	20
22	DD-021	2023年1月21日	华联超市	3	市北区	6923644241735	蒙牛早餐奶巧克力味	2.4	盒	19
23	DD-022	2023年1月22日	天天超市	2	市南区	6926892566186	银鹭好粥道黑米粥	2.5	罐	2
24	DD-023	2023年1月23日	联华超市	1	市南区	6907992502052	伊利纯奶	2.4	盒	3
25	DD-024	2023年1月24日	联华超市	1	市南区	4891028703266	维他奶黑豆味	2.5	盒	3
26	DD-025	2023年1月25日	飞度超市	2	市北区	6926892521482	银鹭桂圆莲子八宝粥	2.5	罐	13
27	DD-026	2023年1月26日	天天超市	2	市南区	6907992509808	QQ星儿童乳饮品冰淇淋味	1.4	盒	12
28	DD-027	2023年1月27日	天天超市	2	市南区	6923644278595	蒙牛纯甄牛奶	0.5	盒	20
29	DD-028	2023年1月28日	天天超市	2	市南区	6923644278878	蒙牛早餐奶红枣味	0.5	盒	25
30	DD-029	2023年1月29日	天天超市	2	市南区	6926892568180	银鹭好粥道椰奶燕麦粥	2.5	罐	32
31	DD-030	2023年1月30日	华联超市	3	市北区	6907992507613	QQ星儿童乳饮品草莓味	3.4	盒	27
32	DD-031	2023年1月31日	飞度超市	2	市北区	6923644278939	蒙牛早餐奶核桃味	1.8	盒	39
33	DD-032	2023年2月1日	飞度超市	2	市北区	6923644278847	蒙牛早餐奶麦香味	1	盒	39
34	DD-033	2023年2月2日	天天超市	2	市南区	4891028703242	维他奶原味	2.5	盒	39

图3-19　出库明细表

2.数据透视表的功能

每一次改变版面布置时，数据透视表会立即按照新的布置重新计算数据。另外，如果原始数据发生更改，则可以更新数据透视表。

3.数据透视表的操作

（1）建立数据透视表。

依次点击"插入"选项卡-【表格】组的数据透视表按钮，弹出如图3-20所示的对话框。

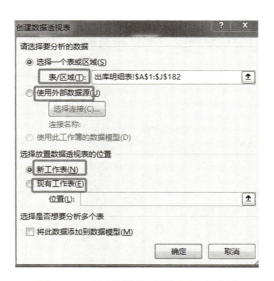

图3-20　"创建数据透视表"对话框

（2）数据透视表的"分析"操作。

选择数据透视表后，点击"分析"选项卡，具体菜单如图3-21所示。完成数据透视表的命名、分组、排序、筛选、移动以及更改数据源、增加设计字段等操作。

图3-21 "分析"菜单

（3）数据透视表的"设计"操作。

选择数据透视表后，点击"设计"选项卡，具体菜单如图3-22所示。选择数据透视表的外观显示样式，对其进行布局设计。

图3-22 "设计"菜单

4.创建数据透视图

依次点击"插入"选项卡-【图表】组的数据透视图按钮的下拉箭头-【数据透视图】，弹出如图3-23所示的对话框。这样既能建立透视数据表，又能生成数据透视图。在设置该对话框的相关参数后，显示如图3-24所示的界面，得到数据透视表和数据透视图，对比二者进行数据分析。

图3-23 "创建数据透视图"对话框

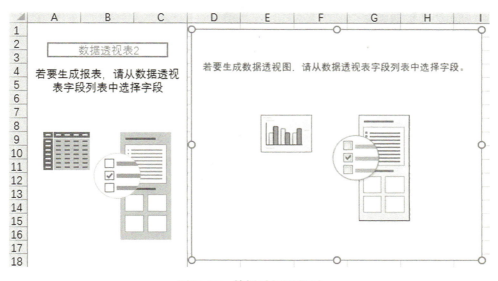

图 3-24　数据透视图版图

🛠 **任务实施**

1. 统计2023年第一季度各月货品出库数量（升序排列）

（1）创建数据透视表。

打开"出库明细表"，选中A1：J182单元格区域，依次单击"插入"选项卡 –【表格】组的数据透视表按钮，在如图3-25所示的对话框中，选择放置数据透视表的位置，勾选"新工作表"，单击"确定"。

图 3-25　数据透视表设置

（2）添加数据透视表字段。

单击左侧插入的数据透视表区域，在右侧的"数据透视表字段"对话框中将"货品名称"拖动到行标签，将"出库时间"拖动到列标签（Excel自动将"出库时间"列按照"月"进行分组），将"出库数量"拖动到值标签，如图3-26所示。

图3-26　添加数据透视表字段

（3）设置日期分组及筛选。

选中数据透视表上的"月"字段，点击右侧向下的三角符号，选择"日期筛选"，选择"期间所有日期"，选择"第1季度"。第一季度各月货品出库数量的数据透视表制作完成。

用光标圈选出显示出库数量的单元格区域，点击"数据"选项卡-【排序和筛选】组的升序按钮，设为"升序"排序，将新生成的工作表重命名为"第一季度各月货品出库统计"。

2. 计算"入库明细表"拆零数量

打开"入库明细表"，将光标定位在G2单元格，插入MID函数（见图3-27），点击"确定"。

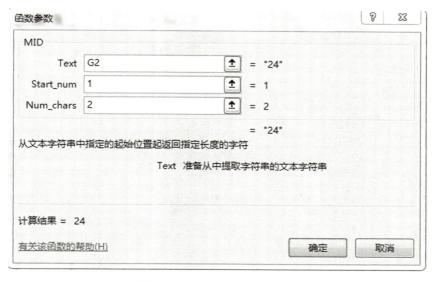

图3-27　MID函数参数设置

　　此时显示的"包装规格"列的数字部分，要计算拆零数量还需乘以入库数量，此时双击G2单元格，在公式编辑栏中输入"=MID（F2，1，2）*D2"，回车确认即可显示拆零数量。将光标定位至G2单元格右下角，显示为黑色十字形，向下拖动到G76单元格，实现公式的复制，此时，所有货品的拆零数量都已经完成计算，并显示在G列对应的单元格。

3.计算"期初库存"工作表的拆零数量

　　单位为"罐""盒"的拆零数量和"数量"列数据一致。双击E2单元格，在公式编辑栏中直接输入"=C2"，将光标放置于该单元格的右下角，显示为黑色十字形，向下拖动到E20单元格，实现公式的复制，完成拆零数量的计算。

　　对于单位为"箱"的情况，查找各货品对应的"包装规格"，存放到F列，以便于后续计算。双击F21单元格，在公式编辑栏中输入"=VLOOKUP(A21,入库明细表!B$1:F$76,5,0)"。公式含义：在"入库明细表"的B1：F76单元格区域，查找"货品编码"为A21的记录，返回对应的查找区域的第5列的内容，也就是对应的"包装规格"列的内容。选中F21单元格，使用填充柄向下自动填充至F35单元格。

　　在E21单元格使用MID函数，获取数据部分，计算拆零数量。双击E21单元格，在公式编辑栏中输入"=MID(F21,1,2)*C21"。选中E21单元格，使用填充柄向下自动填充至E35单元格。若F列设置为"隐藏"，则"期初库存"工作表更加美观。

4.形成"库存数据"工作表

　　创建"库存数据"工作表（见图3-28），按照"时间""货品编码""货品名称""数量""单位""状态"字段整理名称为"出库明细表""入库明细表""期初库存"的工作表中的数据，依次复制粘贴到"库存数据"工作表中。

	A	B	C	D	E	F
1	时间	货品编码	货品名称	数量	单位	状态
2	2023年1月1日	6924862101825	美年达听装苹果味	2	听	出库
3	2023年1月2日	6907992502052	伊利纯奶	2	盒	出库
4	2023年1月3日	4891028703266	维他奶黑豆味	4	盒	出库
5	2023年1月4日	6926892521482	银鹭桂圆莲子八宝粥	4	罐	出库
6	2023年1月5日	6907992509808	QQ星儿童乳饮品冰淇淋味	5	盒	出库
7	2023年1月6日	6923644278595	蒙牛纯甄牛奶	10	盒	出库
8	2023年1月7日	6923644278878	蒙牛早餐奶红枣味	12	盒	出库
9	2023年1月8日	6926892568180	银鹭好粥道椰奶燕麦粥	12	罐	出库
10	2023年1月9日	6907992507613	QQ星儿童乳饮品草莓味	16	盒	出库
11	2023年1月10日	6923644278939	蒙牛早餐奶核桃味	21	盒	出库
12	2023年1月11日	6923644278847	蒙牛早餐奶麦香味	27	盒	出库
13	2023年1月12日	4891028703242	维他奶原味	26	盒	出库
14	2023年1月13日	6926892565189	银鹭好粥道莲子玉米粥	20	罐	出库
15	2023年1月14日	6907992509617	QQ星儿童乳饮品菠萝味	25	盒	出库
16	2023年1月15日	6907992507385	伊利金典纯奶	24	盒	出库
17	2023年1月16日	6924862101825	美年达听装苹果味	70	听	出库
18	2023年1月17日	6926892567183	银鹭好粥道薏仁红豆粥	26	罐	出库
19	2023年1月18日	6924862101849	美年达听装橙味	3	听	出库
20	2023年1月19日	6907992507651	QQ星儿童乳饮品原味	7	盒	出库
21	2023年1月20日	6923644240417	蒙牛高钙低脂奶	20	盒	出库
22	2023年1月21日	6923644241735	蒙牛早餐奶巧克力味	19	盒	出库
23	2023年1月22日	6926892566186	银鹭好粥道黑米粥	2	罐	出库
24	2023年1月23日	6907992502052	伊利纯奶	3	盒	出库
25	2023年1月24日	4891028703266	维他奶黑豆味	3	盒	出库
26	2023年1月25日	6926892521482	银鹭桂圆莲子八宝粥	13	罐	出库
27	2023年1月26日	6907992509808	QQ星儿童乳饮品冰淇淋味	12	盒	出库
28	2023年1月27日	6923644278595	蒙牛纯甄牛奶	20	盒	出库
29	2023年1月28日	6923644278878	蒙牛早餐奶红枣味	25	盒	出库
30	2023年1月29日	6926892568180	银鹭好粥道椰奶燕麦粥	32	罐	出库
31	2023年1月30日	6907992507613	QQ星儿童乳饮品草莓味	27	盒	出库
32	2023年1月31日	6923644278939	蒙牛早餐奶核桃味	39	盒	出库
33	2023年2月1日	6923644278847	蒙牛早餐奶麦香味	39	盒	出库
34	2023年2月2日	4891028703242	维他奶原味	39	盒	出库
35	2023年2月3日	6926892565189	银鹭好粥道莲子玉米粥	46	罐	出库
36	2023年2月4日	6907992509617	QQ星儿童乳饮品菠萝味	53	盒	出库
37	2023年2月5日	6907992507385	伊利金典纯奶	45	盒	出库
38	2023年2月6日	6924862101825	美年达听装苹果味	17	听	出库

图3-28　库存数据

　　对"状态"列设置数据验证，使"状态"列单元格只允许出现"入库、出库、期初库存"中的一项。选中F列，依次点击"数据"选项卡-【数据工具】组的数据验证按钮，在"数据验证"对话框中进行相关参数设置（见图3-29）。

5.创建计算"结余"透视表

（1）插入数据透视表。

　　选中"库存数据"工作表，光标定位至非空单元格内，依次点击"插入"选项卡-【表格】组的数据透视表按钮，弹出如图3-30所示的对话框，进行如下设置。

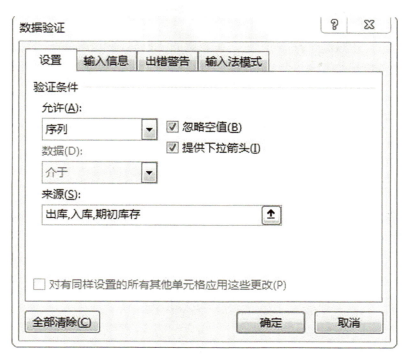

图3-29　数据验证设置

图3-30　插入数据透视表

（2）设置数据透视表字段。

单击左侧插入的数据透视表区域，在右侧的"数据透视表字段"对话框中将"货品名称"拖动到行标签，将"状态"拖动到列标签，将"数量"拖动到值标签，如图3-31所示。

图3-31　设置数据透视表字段

（3）取消数据透视表不必要的总计列。

单击【汇总】–"设计"选项卡–【布局】组的总计按钮的下拉箭头–【仅对列启用】，删除右侧的"汇总"字段。

（4）添加计算字段。

选中数据透视表的"入库"列标题，单击"分析"选项卡–【计算】组的"字段、项目和集"按钮的下拉箭头–【计算项】，打开如图3-32所示的对话框。

图3-32　"在'状态'中插入计算字段"对话框

"名称"文本框中输入"结余","公式"文本框中输入"=期初库存+入库-出库",单击"确定",完成计算字段的添加,如图3-33所示。

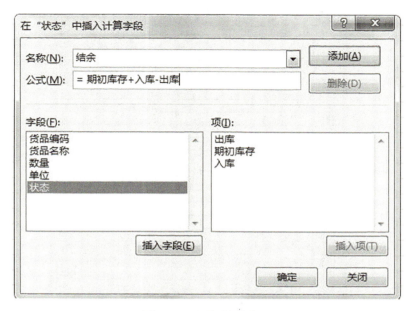

图3-33　添加计算字段

（5）调整字段顺序。

鼠标右键单击"出库"字段名,在右键快捷菜单中选择"移动",子菜单中选择"将'出库'下移",直至将"出库"字段移动到"入库"字段的后面,完成字段顺序的调整。

（6）数据透视表美化和重命名。

选中生成的数据透视表区域,设置边框线为"所有框线",适当调整列宽。将该Sheet表重命名为"计算'结余'透视表"。至此,一张能反映不同货品结余情况的数据透视表制作完成。制作效果如图3-34所示。

拓展提升

打开素材文件,完成以下具体操作。

（1）查看"物流中心配送客户数据"工作表（见配套教学资源）,并统计出不同时段各客户各产品的配送数量,生成的新表重命名为"不同时段各客户各产品配送数量"。

（2）对新生成的数据表进行美化。第1行行高设置为30,第2到21行,行高设置为20。

（3）在第1行添加标题"不同时段各客户各产品配送数量",并进行如下设置:黑体、18号、加粗。合并A1：G1单元格区域,标题居中。

	A	B	C	D	E
1					
2					
3	求和项:数量		列标签 ▼		
4	货品名称 ▼	期初库存	入库	出库	结余
5	QQ星儿童乳饮品冰淇淋味	27	96	94	29
6	QQ星儿童乳饮品菠萝味	5	360	271	94
7	QQ星儿童乳饮品草莓味	26	216	173	69
8	QQ星儿童乳饮品原味	28	120	69	79
9	美年达听装苹果味	40	540	559	21
10	美年达听装橙味	40	40	14	66
11	蒙牛纯甄牛奶	3	180	128	55
12	蒙牛高钙低脂奶	92	162	239	15
13	蒙牛早餐奶核桃味	75	162	207	30
14	蒙牛早餐奶红枣味	59	108	148	19
15	蒙牛早餐奶麦香味	77	198	249	26
16	蒙牛早餐奶巧克力味	74	198	257	15
17	维他奶黑豆味	5	40	28	17
18	维他奶原味	2	400	296	106
19	伊利纯奶	2	32	21	13
20	伊利金典纯奶	2	320	254	68
21	银鹭桂圆莲子八宝粥	53	360	84	329
22	银鹭好粥道黑米粥	51	48	29	70
23	银鹭好粥道莲子玉米粥	100	288	255	133
24	银鹭好粥道椰奶燕麦粥	50	192	133	109
25	银鹭好粥道薏仁红豆粥	124	360	330	154
26	总计	935	4420	3838	1517

图 3-34　制作效果

（4）选中 A3：G21 单元格区域，添加"所有框线"。"不同时段各客户各产品配送数量"工作表如图 3-35 所示。

	A	B	C	D	E	F	G
1	不同时段各客户各产品配送数量						
2	求和项:数量		产品名称 ▼				
3	配送时间 ▼	客户名称 ▼	丙烯马克笔12色	丙烯马克笔24色	丙烯马克笔36色	丙烯马克笔48色	总计
4	⊟10：00-12：00	飞度超市		15			15
5		华联超市				18	18
6		一元超市	25				25
7	10：00-12：00 汇总		25	15		18	58
8	⊟14：00-16：00	名都超市				20	20
9		万佳超市			5		5
10		宜家超市		10			10
11	14：00-16：00 汇总			10	5	20	35
12	⊟16：00-18：00	佳艺超市				15	15
13		聚福超市			15		15
14		名苑超市	25				25
15		天天超市	18		20	10	48
16	16：00-18：00 汇总		43		35	25	103
17	⊟8：00-10：00	金都超市				30	30
18		联华超市	10	5			15
19		名都超市	20			25	45
20	8：00-10：00 汇总		30	5		55	90
21	总计		98	30	40	118	286

图 3-35　"不同时段各客户各产品配送数量"工作表

任务评价

任务名称			姓名			
考核内容	评价标准	参考分值	考核得分			
			自我评价	小组评价	教师评价	
职业素养	高效处理复杂数据的耐心与细致	10				
	良好的专业行为规范	10				
知识素养	理解数据透视表的概念及作用	20				
	掌握数据透视表字段的设置方法	20				
	掌握数据透视表内容和格式的调整方法	20				
技能素养	灵活应用数据透视功能解决实际工作问题	20				
小计		100				
合计（自我评价×30%+小组评价×30%+教师评价×40%）						

项目四　数据可视化表达

任务一　图表设计制作

知识目标

1.掌握柱形图、饼图等常见图表的创建。

2.掌握图表的修改操作。

能力目标

能够灵活制作反映数据关系的图表，并通过图表解读数据问题。

情感目标

1.培养认真严谨的学习态度，养成良好的专业行为规范。

2.培养数据表达的审美意识，拥有严谨的数据呈现态度。

工作任务

打开素材文件，查看"2023年上半年仓库库存数据"，如图4-1所示。为直观查看库存情况，制作如图4-2所示的簇状柱形图。为了解各货品结余在所有货品结余中的占比，绘制如图4-3所示的复合饼图。

具体要求列举如下。

簇状柱形图要求展示2023年上半年期初库存、出入库情况(库存结余前5名)。坐标轴设置为"主要横坐标轴"；坐标轴标题设置为"主要横坐标轴"；图表标题设置为"图表上方"；数据标签设置为"数据标签外"；数据表设置为"显示图例项标示"；网格线设置为"主轴主要水平网格线"；图例设置为"顶部"。

复合饼图要求显示结余数量超过100的货品，其余合并为其他。

	A	B	C	D	E
1	2023年上半年仓库库存数据				
2	货品名称	期初库存	入库	出库	结余
3	QQ星儿童乳饮品冰淇淋味	27	96	94	29
4	QQ星儿童乳饮品菠萝味	5	360	271	94
5	QQ星儿童乳饮品草莓味	26	216	173	69
6	QQ星儿童乳饮品原味	28	120	69	79
7	美年达听装苹果味	40	540	559	21
8	美年达听装橙味	40	40	14	66
9	蒙牛纯甄牛奶	3	180	128	55
10	蒙牛高钙低脂奶	92	162	239	15
11	蒙牛早餐奶核桃味	75	162	207	30
12	蒙牛早餐奶红枣味	59	108	148	19
13	蒙牛早餐奶麦香味	77	198	249	26
14	蒙牛早餐奶巧克力味	74	198	257	15
15	维他奶黑豆味	5	40	28	17
16	维他奶原味	2	400	296	106
17	伊利纯奶	2	32	21	13
18	伊利金典纯奶	2	320	254	68
19	银鹭桂圆莲子八宝粥	53	360	84	329
20	银鹭好粥道黑米粥	51	48	29	70
21	银鹭好粥道莲子玉米粥	100	288	255	133
22	银鹭好粥道椰奶燕麦粥	50	192	133	109
23	银鹭好粥道薏仁红豆粥	124	360	330	154

图4-1　初始数据

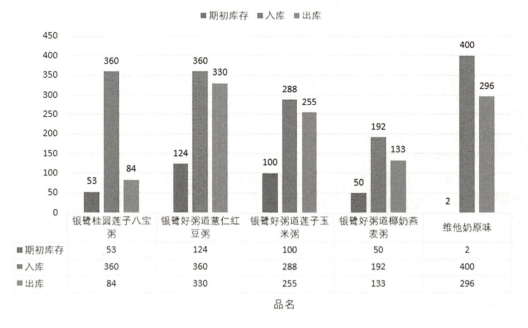

图4-2　簇状柱形图

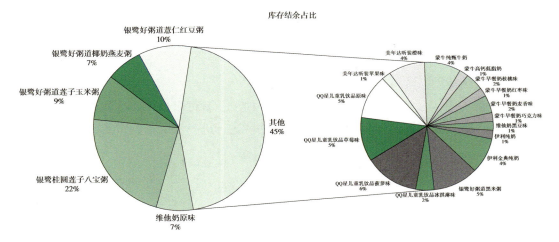

图4-3 复合饼图

 任务准备

1.数据可视化

数据可视化就是将数据转换成图或表等，以一种更直观的方式展现和呈现数据。通过"数据可视化"的方式，复杂的数据通过图形化的手段进行有效表达，准确高效、简洁全面地传递某种信息，甚至帮助我们发现某种规律和特征，挖掘数据背后的价值。

2.认识图表

图表是数据可视化的常用手段，基本图表（如柱状图、饼图、条形图、折线图、散点图、雷达图等）较常用，具体作用如表4-1所示。

表4-1　　　　　　　　　　　**常见图表及作用**

图表	作用
柱形图	比较数据间的多少关系
饼图	表现数据间的比例分配关系
条形图	显示各个项目之间的对比，主要用于表现各项目之间的数据差额
折线图	呈现数据间的趋势关系
散点图	用于表现两组数据之间的相关性，一组数据为横坐标，另一组数据为纵坐标，从而形成坐标系上的位置
雷达图	以从同一点开始的轴上表示三个或更多定量、变量的二维图表的形式显示多变量数据的图形方法

3.图表创建与美化

（1）插入图表。

选择用于创建图表的数据区域，然后单击"插入"选项卡的【图表】组的相关按钮。

（2）修改标题。

图表标题是对图表主要内容的说明，如果要对其进行修改，可以单击选中图表标题，手动修改。

（3）添加数据标签。

以柱形图为例，单击柱形图中的任意一个柱子，就可以选中所有的柱子。右键单击，选择"添加数据标签"，可以对数据标签格式进行进一步设置，如图4-4所示。

图4-4　设置数据标签格式

（4）调整颜色并突出局部。

如果想使最大的数据能更突出显示，可以调整柱体的颜色来形成对比。

（5）删除不必要的元素。

图表中存在着一些不必要的元素，影响图表的美观，如纵坐标轴、网格线等。以取消纵坐标轴为例，单击选中纵坐标轴，图表右侧出现加号按钮。这个按钮可以增加图表元素。点击它可以设置图表元素的显示或不显示。在弹出的下拉框中点击【坐标轴】右侧的箭头，取消勾选【主要纵坐标轴】，即可实现纵坐标轴的不显示。

（6）一键美化图表。

运用"设计"和"格式"选项卡内的功能组，可实现一键美化图表。

🛠 任务实施

打开"项目四任务一工作任务素材"工作簿，查看"2023年上半年仓库库存数据"，完成以下操作。

1.绘制簇状柱形图

（1）创建副本"簇状柱形图"，按照"结余"降序排序。

查看"2023年上半年仓库库存数据"，生成副本，重命名为"簇状柱形图"。将光标定位在非空单元格上，然后单击"数据"选项卡–【排序和筛选】组的排序按钮，打开"排序"对话框，按要求主要关键字指定为"结余"，次序指定为"降序"，点击确定，如图4-5所示。

图4-5　按照"结余"降序排序

（2）创建簇状柱形图。

确定所需数据，选择A2：D7单元格区域，即2023年上半年仓库库存数据的前5名的货品名称、期初库存、入库、出库数据，点击"插入"选项卡中【图表】组的相关按钮，完成簇状柱形图的插入，其初始效果如图4-6所示。

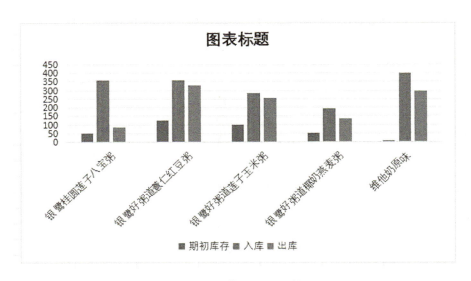

图4-6　簇状柱形图初始效果

（3）设置图表。

选中上图图表，单击图表标题，修改为"2023年上半年期初库存、出入库情况（库存结余前5名）"。选择"设计"选项卡中【图表布局】组的添加图表元素按钮，根据题目要求自上而下依次完成设置：

【坐标轴】–【主要横坐标轴】；

【坐标轴标题】–【主要横坐标轴】，在图表对应的"坐标轴标题"处，输入"品名"；

【图表标题】–【图表上方】；

【数据标签】–【数据标签外】；

【数据表】–【显示图例项标示】；

【网格线】–【主轴主要水平网格线】；

【图例】–【顶部】。

设置图例颜色，选择"设计"选项卡中【图表样式】组的整体外观样式，点击更改颜色按钮的下拉箭头，选择【彩色调色板1】。如果想单独设置某一图例，选中相应柱体，点击"开始"选项卡中【字体】组的填充颜色按钮的下拉箭头，设置颜色。

反映2023年上半年库存结余前5名货品的期初库存、入库、出库三项数据的簇状柱形图已经完成，最终完成效果见图4-2。

2.绘制复合饼图

（1）创建副本"绘制饼图"，方法同上。

（2）确定所需数据，选择A2：A23和E2：E23单元格区域，点击"插入"选项卡中【图表】组的相关按钮，完成复合饼图的插入，其初始效果如图4-7所示。

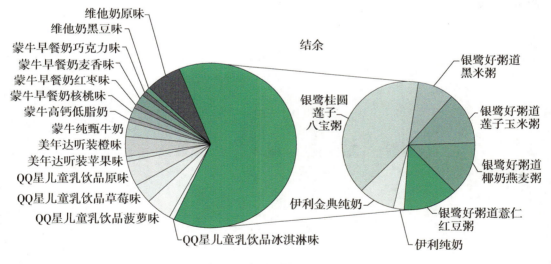

图4-7　复合饼图初始效果

（3）设置图表。

修改图表标题，单击"结余"，改为"库存结余占比"。选中上图图表，选择"设计"选项卡中【图表布局】组的添加图表元素按钮，根据题目要求依次完成设置：【数据标签】–【数据标注】；【图例】–【无】。

单击复合饼图，右键选择【设置数据点格式】，系列分割依据选择"值"，值小于"100.0"，如图4-8所示。该设置实现了库存结余的值超过100的货品的显示，其他货品合并为"其他"项，最终完成效果见图4-3。

图4-8　设置数据点格式

拓展提升

打开素材查看"货品出货数据"，分别完成以下操作。

（1）创建副本"绘制折线图"，要求设置标题为"货品出库"，要求数据标签设置为"数据标签外"，图例位于"底部"。

（2）创建副本"绘制条形图"，要求设置标题为"货品出库"，要求数据标签设置为"数据标签外"，图例位于"底部"。

任务评价

任务名称			姓名			
考核内容	评价标准		参考分值	考核得分		
				自我评价	小组评价	教师评价
职业素养	数据表达的审美意识		10			
	严谨的数据呈现态度		10			

续表

考核内容	评价标准	参考分值	考核得分		
			自我评价	小组评价	教师评价
知识素养	掌握柱形图的创建	20			
	掌握饼图的创建	20			
	掌握图表的修改操作	20			
技能素养	灵活选择图表形式，反映数据间的关系	20			
小计		100			
合计（自我评价×30%+小组评价×30%+教师评价×40%）					

任务二　数据仪表板设计

知识目标

1.掌握折线图、条形图等常用图表的创建。
2.熟悉切片器的概念和使用。
3.掌握数据仪表板的数据查看功能。

能力目标

能够制作数据仪表板解决实际问题。

情感目标

1.培养认真严谨的学习态度，养成良好的专业行为规范。
2.培养以用户为中心的设计思维，保持对数据可视化技术的探索兴趣。

工作任务

打开素材文件，查看2023年上半年仓库库存数据，如图4-9所示。请根据"项目四任务二工作任务素材"工作簿，制作如图4-10所示的数据仪表板，方便进行数据分析和查看。其中数据仪表板包括按照客户名称、货品名称筛选的区域，指定筛选条件，当选中相应的客户名称和货品名称时，下面的图表分别直观展示相应统计数据。

（1）"出库走势"折线图展示指定条件下每个月的出库变化。

（2）"各客户出库量总计"柱形图展示在指定条件下，各客户的出库量总计。

（3）"各货品出库量总计"条形图展示在指定条件下，各货品的出库量总计。

（4）"各客户出库量占比"饼图展示指定条件下，各客户出库量在总出库量中的占比。

	A	B	C	D	E	F	G	H	I
1	订单编号	出库时间	客户名称	客户级别	配送分区	货品编码	货品名称	单价	出库数量
2	DD-001	2023年1月1日	联华超市	1	市南区	6924862101825	美年达听装苹果味	3.4	2
3	DD-002	2023年1月2日	联华超市	1	市南区	6907992502052	伊利纯奶	2.4	2
4	DD-003	2023年1月3日	飞度超市	2	市北区	4891028703266	维他奶黑豆味	2.5	4
5	DD-004	2023年1月4日	飞度超市	2	市北区	6926892521482	银鹭桂圆莲子八宝粥	2.5	4
6	DD-005	2023年1月5日	天天超市	2	市北区	6907992509808	QQ星儿童乳饮品冰淇淋味	1.4	5
7	DD-006	2023年1月6日	飞度超市	2	市北区	6923644278595	蒙牛纯甄牛奶	0.5	10
8	DD-007	2023年1月7日	天天超市	2	市北区	6923644278878	蒙牛早餐奶红枣味	0.5	12
9	DD-008	2023年1月8日	华联超市	3	市北区	6926892568180	银鹭好粥道椰奶燕麦粥	2.5	12
10	DD-009	2023年1月9日	天天超市	2	市南区	6907992507613	QQ星儿童乳饮品草莓味	3.4	16
11	DD-010	2023年1月10日	飞度超市	2	市南区	6923644278939	蒙牛早餐奶核桃味	1.8	21
12	DD-011	2023年1月11日	天天超市	2	市南区	6923644278847	蒙牛早餐奶麦香味	1	27
13	DD-012	2023年1月12日	华联超市	3	市北区	4891028703242	维他奶原味	2.5	26
14	DD-013	2023年1月13日	飞度超市	2	市北区	6926892565189	银鹭好粥道薏子玉米粥	2.5	20
15	DD-014	2023年1月14日	飞度超市	2	市南区	6907992509617	QQ星儿童乳饮品菠萝味	4.4	25
16	DD-015	2023年1月15日	飞度超市	2	市北区	6907992507385	伊利金典纯奶	2.4	24
17	DD-016	2023年1月16日	飞度超市	2	市南区	6924862101825	美年达听装苹果味	3.4	70
18	DD-017	2023年1月17日	天天超市	2	市南区	6926892567183	银鹭好粥道薏仁红豆粥	2.5	26
19	DD-018	2023年1月18日	华联超市	3	市北区	6924862101849	美年达听装榴莲	2.4	3
20	DD-019	2023年1月19日	天天超市	2	市北区	6907992507651	QQ星儿童乳饮品原味	2.4	7
21	DD-020	2023年1月20日	天天超市	2	市南区	6923644240417	蒙牛高钙低脂奶	3.4	20
22	DD-021	2023年1月21日	华联超市	3	市北区	6923644241735	蒙牛早餐奶巧克力味	3.4	19
23	DD-022	2023年1月22日	天天超市	2	市南区	6926892566186	银鹭好粥道黑米粥	2.5	2
24	DD-023	2023年1月23日	联华超市	1	市南区	6907992502052	伊利纯奶	2.4	3
25	DD-024	2023年1月24日	联华超市	1	市南区	4891028703266	维他奶黑豆味	2.5	3
26	DD-025	2023年1月25日	飞度超市	2	市北区	6926892521482	银鹭桂圆莲子八宝粥	2.5	13
27	DD-026	2023年1月26日	飞度超市	2	市北区	6907992509808	QQ星儿童乳饮品冰淇淋味	1.4	12
28	DD-027	2023年1月27日	天天超市	2	市北区	6923644278595	蒙牛纯甄牛奶	0.5	20
29	DD-028	2023年1月28日	飞度超市	2	市北区	6923644278878	蒙牛早餐奶红枣味	0.5	25
30	DD-029	2023年1月29日	飞度超市	2	市北区	6926892568180	银鹭好粥道椰奶燕麦粥	2.5	32
31	DD-030	2023年1月30日	华联超市	3	市北区	6907992507613	QQ星儿童乳饮品草莓味	3.4	27
32	DD-031	2023年1月31日	天天超市	2	市北区	6923644278939	蒙牛早餐奶核桃味	1.8	39
33	DD-032	2023年2月1日	天天超市	2	市北区	6923644278847	蒙牛早餐奶麦香味	1	39
34	DD-033	2023年2月2日	飞度超市	2	市北区	4891028703242	维他奶原味	2.5	39
35	DD-034	2023年2月3日	华联超市	3	市北区	6926892565189	银鹭好粥道薏子玉米粥	2.5	46
36	DD-035	2023年2月4日	飞度超市	2	市南区	6907992509617	QQ星儿童乳饮品菠萝味	4.4	53
37	DD-036	2023年2月5日	飞度超市	2	市北区	6907992507385	伊利金典纯奶	2.4	45

图 4-9　2023 年上半年仓库库存数据

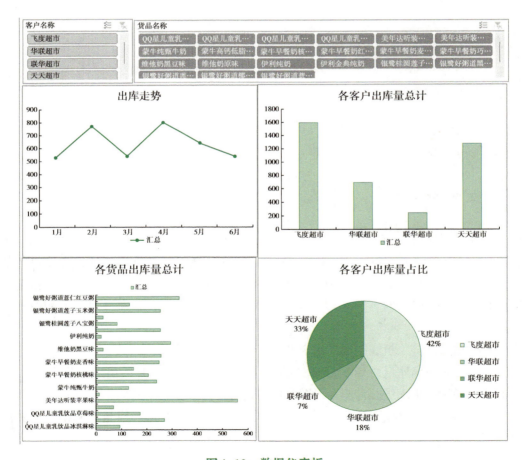

图 4-10　数据仪表板

 **任务准备**

1.数据透视表和数据透视图

数据透视表是一种快速汇总大量数据的交互式工具，通过数据透视表用户可以快速进行浏览、汇总、分析，并提取摘要数据，数据透视表在前面的项目中已经进行了深入介绍。

数据透视图为关联数据透视表中的数据提供其图形表示形式。与标准图表相同，数据透视图可以显示数据系列、数据类别、数据标记和坐标轴等，也可以更改图表类型和其他选项，如标题、图例放置、数据标签、图表位置等。选择合适的数据透视图类型并合理编排，可以实现数据仪表板的效果。

2.筛选器

在 Excel 2016 中，可以使用筛选器进行数据筛选。筛选器是易于使用的筛选组件，包含了一组按钮，不需要打开下拉列表就能够快速地筛选数据透视表中的数据。除了快速筛选，筛选器还会指示当前筛选状态，以便轻松、准确地了解已筛选的数据透视表中的内容。

Excel 2016中的筛选器分为日程表和切片器两种。日程表主要用于按照年、季、月、日对日期类数据进行筛选，切片器主要用于筛选非日期类型的数据。数据透视表中可以建立一个或多个筛选器，以便从多个角度查看数据。在有筛选器的数据透视表中，单击切片器提供的按钮或日程表的时间，可以对数据透视表中的数据进行筛选。

任务实施

打开"项目四任务二工作任务素材"工作簿，完成以下操作（注：出库量为出库数量的简称）。

1.创建反映每月销量合计的数据透视表

选中 A1:I182 单元格区域，插入数据透视表，界面设置如图4-11所示，将选择放置数据透视表的位置设置为"新工作表"，单击"确定"。

根据需要设置行、列、值、筛选标签，结合本题目要求，在"数据透视表字段"对话框中将"出库时间""月"拖动到行标签，将"出库数量"拖动到值标签，形成数据透视表预览效果，反映每月销量合计的数据透视表如图4-12所示。

2.创建反映不同客户出库数量总计的数据透视表

选中并复制上一步创建的数据透视表区域，在右侧隔一列粘贴，单击选中复制的数据透视表，在"数据透视表字段"对话框的行标签中删除"出库时间""月"，将"客户名称"拖动到行标签，其余无须改动，反映不同客户出库数量总计的数据透视表如图4-13所示。

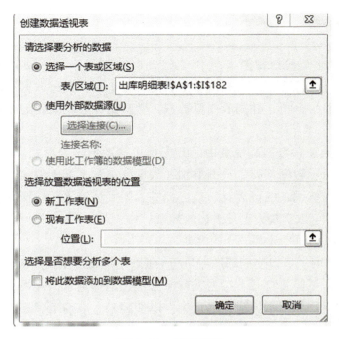

图4-11　界面设置

	A	B
1	行标签 ▼	求和项:出库数量
2	⊞ 1月	531
3	⊞ 2月	774
4	⊞ 3月	543
5	⊞ 4月	800
6	⊞ 5月	644
7	⊞ 6月	546
8	总计	3838

	A	B
1	行标签 ▼	求和项:出库数量
2	飞度超市	1602
3	华联超市	696
4	联华超市	255
5	天天超市	1285
6	总计	3838

图4-12　反映每月销量合计的数据透视表　　图4-13　反映不同客户出库数量总计的数据透视表

3.创建反映不同货品出库数量总计的数据透视表

选中并复制上一步创建的数据透视表区域，在右侧隔一列粘贴，单击选中复制的数据透视表，在"数据透视表字段"对话框的行标签中删除"客户名称"，将"货品名称"拖动到行标签，反映不同货品出库数量总计的数据透视表如图4-14所示。

4.创建反映每月出库数量合计的数据透视图

选中反映每月销量合计的数据透视表，插入数据透视图（折线图），折线图预览效果如图4-15所示。右击上方【求和项:出库数量】，隐藏图表上的所有字段按钮。单击图表标题，将图表标题更改为"出库走势"，图例设置在"底部"，应用"样式14"，创建完成的折线图如图4-16所示。

行标签	求和项:出库数量
QQ星儿童乳饮品冰淇淋味	94
QQ星儿童乳饮品菠萝味	271
QQ星儿童乳饮品草莓味	173
QQ星儿童乳饮品原味	69
美年达听装苹果味	559
美年达听装橙味	14
蒙牛纯甄牛奶	128
蒙牛高钙低脂奶	239
蒙牛早餐奶核桃味	207
蒙牛早餐奶红枣味	148
蒙牛早餐奶麦香味	249
蒙牛早餐奶巧克力味	257
维他奶黑豆味	28
维他奶原味	296
伊利纯奶	21
伊利金典纯奶	254
银鹭桂圆莲子八宝粥	84
银鹭好粥道黑米粥	29
银鹭好粥道莲子玉米粥	255
银鹭好粥道椰奶燕麦粥	133
银鹭好粥道薏仁红豆粥	330
总计	3838

图 4-14　反映不同货品出库数量总计的数据透视表

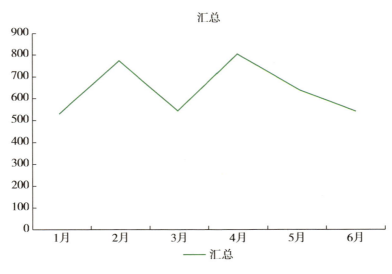

图 4-15　折线图预览效果

5. 创建反映不同客户出库数量总计的数据透视图

选中反映不同客户出库数量总计的数据透视表，插入数据透视图（簇状柱形图），参考上一步骤的方法隐藏字段按钮。图例设置在"底部"，将图表标题更改为"各客户出库量总计"，应用"样式7"，创建完成的簇状柱形图如图4-17所示。

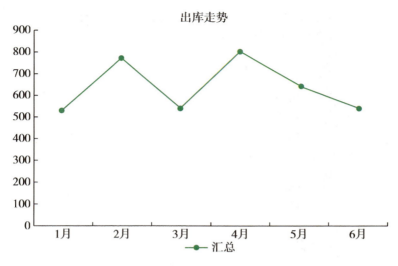

图 4-16　创建完成的折线图

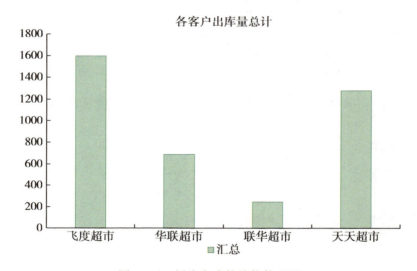

图 4-17　创建完成的簇状柱形图

6.创建反映不同货品出库数量总计的数据透视图

选中反映不同货品出库数量总计的数据透视表，插入数据透视图（簇状条形图），参考上一步骤的方法隐藏字段按钮。删除图例，将图表标题更改为"各货品出库量总计"，创建完成的簇状条形图如图4-18所示。

7.创建反映不同客户出库量占比的饼图

选中反映不同客户出库数量总计的数据透视表，插入数据透视图（饼图），参考上一步骤的方法隐藏字段按钮。将图表标题更改为"各客户出库量占比"。右击饼图，添加数据标签。在"设置数据标签格式"对话框中，勾选"类别名称""百分比"，标签位置设置为"数据标签外"，如图4-19所示，其余项取消勾选。创建完成的饼图如图4-20所示。

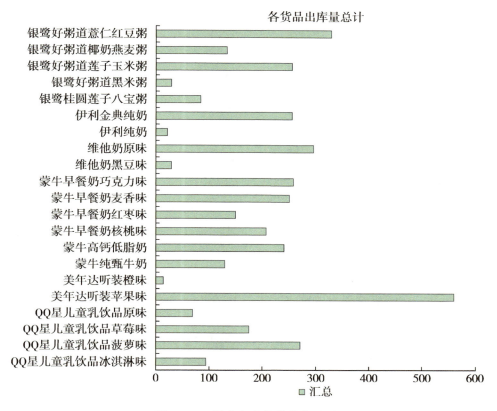

图 4-18　创建完成的簇状条形图

图4-19　数据标签格式设置

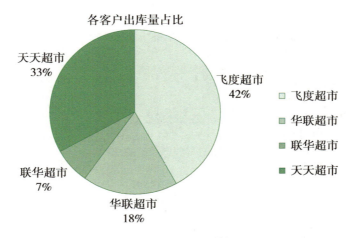

图 4-20　创建完成的饼图

8.插入"切片器"

选中任意一个数据透视表区域，依次点击"插入"选项卡-【筛选器】组的切片器按钮，勾选"客户名称""货品名称"，"插入切片器"对话框如图 4-21 所示。右击"客户名称"切片器，在弹出的列表中选择"报表连接"，弹出如图 4-22 所示的对话框，勾选所有数据透视表。对"货品名称"切片器进行相同设置。

图 4-21　"插入切片器"对话框

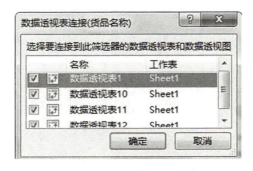

图 4-22　切片器报表连接

9.数据仪表板排列设置

新建空白工作表，重命名为"仪表板"，在"视图"选项卡的【显示】组中，取消勾选"网格线"，将上述的四个数据透视图和两个切片器剪切至新建的工作表中，并参考给定效果图进行排列，在工作表上方输入"销售数据分析仪表板"。

将两个切片器拖动至图片上方区域，设置两个切片器的样式：选择"客户名称"切片器，点击【切片器工具】栏下的"选项"选项卡，在【切片器样式】组中选择【浅蓝，切片器样式浅色1】；选择"货品名称"切片器，在【切片器工具】栏下的"选项"选项卡中进行设置，将切片器设置为6列显示，【切片器样式】组中选择【浅橙色，切片器样式深色2】，适当调整切片器的宽度。排版后的"仪表板"工作表外观设计见图4-10。

10.数据仪表板的查看操作

以查看所有超市"银鹭好粥道莲子玉米粥"出库为例介绍数据仪表板的使用：在"货品名称"切片器中仅选择"银鹭好粥道莲子玉米粥"，下方自动呈现出符合条件的数据图表，如图4-23所示。

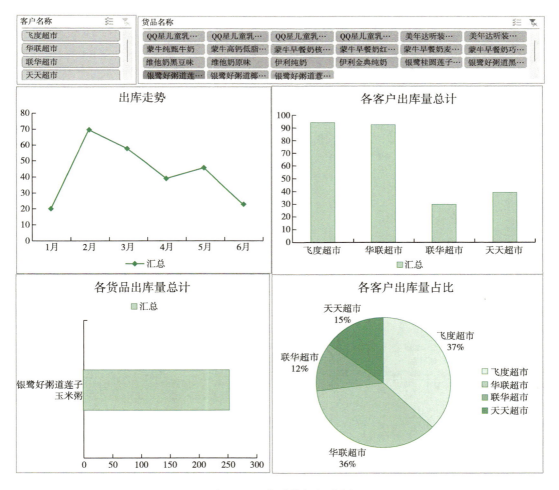

图4-23　查看数据仪表板

🌿 拓展提升

打开素材文件（见配套教学资源），查看"调运量"工作簿，根据提供的数据，制作数据仪表板，按照调运时间（1月、2月、3月）和收货单位进行筛选分区，方便数据分析和查看。数据仪表板完成效果如图4-24所示，具体要求如下。

（1）调运数量走势：折线图统计各月的调运数量变化。

（2）各分公司调运（周转）数量情况：用柱形图表示，横坐标轴显示各分公司名称（可以简写），纵坐标轴显示数值，主标题为"调运数量（箱）"，图柱颜色设置为绿色，图柱上方显示数值，下方用表格显示数据。

（3）各货品调运数量总计：条形图展示。

（4）各货品调运数量占比：饼图。

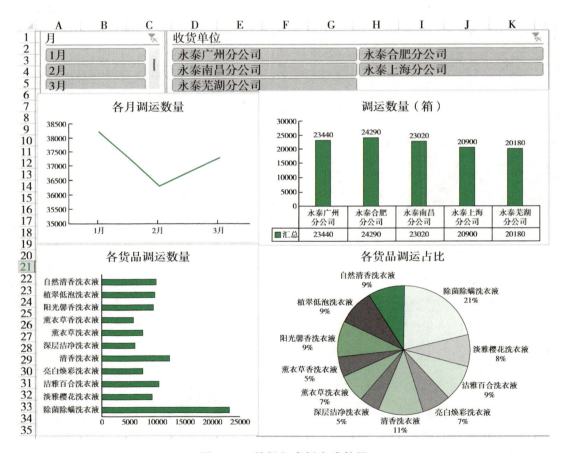

图4-24　数据仪表板完成效果

任务评价

任务名称			姓名			
考核内容	评价标准	参考分值	考核得分			
			自我评价	小组评价	教师评价	
职业素养	认真严谨的学习态度	10				
	良好的专业行为规范	10				
知识素养	掌握折线图、条形图等常见图表的创建	10				
	熟悉切片器的概念和使用	30				
	掌握数据仪表板的数据查看功能	20				
技能素养	制作数据仪表板解决实际问题	20				
小计		100				
合计（自我评价×30%+小组评价×30%+教师评价×40%）						

项目五 仓储管理数据分析与处理

任务一　仓储业务单证设计及填制一

 知识目标

1.熟悉Excel表格设计技巧。

2.掌握入库单、盘点单等表格的处理。

 能力目标

根据资料，正确缮制入库单、盘点单等常用仓储单据。

 情感目标

1.养成认真严谨、一丝不苟的工作态度。

2.培养信息理解能力、数据获取和处理能力。

 工作任务

青岛市万方物流有限公司是一家综合型物流企业，主要为客户提供安全、快捷的仓储、配送和运输服务。万方物流中心拥有完善的物流服务网络，依托先进的物流服务平台，主要为分布在青岛市的门店提供仓储和市内配送等物流服务。以下为万方物流中心的基本情况和2023年8月1日当天的部分日常业务。

1.普通仓1号库基础信息

（1）托盘货架区（A区）。

A区仓储情况如表5-1所示。

表5-1　　　　　　　　　　　　　A区仓储情况

除菌无磷洗衣粉 5kg袋装 7箱 20230330	除菌无磷洗衣粉 5kg袋装 11箱 20230617	清火抗敏牙膏 10箱 20230415		
A00200	A00201	A00202	A00203	A00204

续表

		全效加浓丝瓜洗洁精 3箱 20230615	防菌抗敏牙膏 10箱 20230415	
A00100	A00101	A00102	A00103	A00104
净爽青柠透明皂 7箱 20230228	净爽青柠透明皂 17箱 20230620			
A00000	A00001	A00002	A00003	A00004

注：货架内容表达格式为货品名称、库存数量、生产日期。

（2）电子标签拣选区（B区）。

2023年8月1日上午8时库存初始状态如表5-2所示。

表5-2　　　　　　　　　　　库存初始状态

序号	储位编码	货品条码	货品名称	数量（箱）
1	B00000	6910019020002	净爽青柠透明皂	10
2	B00001	6910019009545	阳光馨香洗衣凝珠	8
3	B00002	6910019015176	除菌无磷洗衣粉5kg袋装	11
4	B00003	6910019009533	阳光馨香透明皂	10
5	B00004	6902132082401	防菌抗敏牙膏	7
6	B00005	6910019024048	苹果醋除菌洗洁精	8
7	B00100	6910019020788	除菌馨香洗衣液	11
8	B00101	6910019020056	净爽青柠洗衣凝珠	7
9	B00102	6902132083606	清火抗敏牙膏	9
10	B00103	6910019007331	全效加浓丝瓜洗洁精	9
11	B00104	6910019024697	红柚薄荷洗洁精	8
12	B00105	6902132083224	护龈抗敏牙膏	10

（3）货品ABC分类。

货品ABC分类表如表5-3所示。

表5-3　　　　　　　　　　　货品ABC分类表

序号	货品条码	货品名称	分类结果	储存规则
1	6910019009533	阳光馨香透明皂	A	托盘货架第一层
2	6910019020002	净爽青柠透明皂		
3	6910019024048	苹果醋除菌洗洁精	B	托盘货架第二层
4	6902132082401	防菌抗敏牙膏		
5	6910019007331	全效加浓丝瓜洗洁精		
6	6910019009545	阳光馨香洗衣凝珠		

续表

序号	货品条码	货品名称	分类结果	储存规则
7	6902132083606	清火抗敏牙膏		
8	6902132083224	护龈抗敏牙膏		
9	6910019015176	除菌无磷洗衣粉5kg袋装	C	托盘货架第三层
10	6910019024697	红柚薄荷洗洁精		
11	6910019020056	净爽青柠洗衣凝珠		
12	6910019020788	除菌馨香洗衣液		

2.作业任务

（1）入库作业。

万方物流中心收到供应商京华商贸有限公司（供应商编号：S000078）发来的入库通知单，如表5-4所示。

表5-4　　　　　　　　　　　　入库通知单　　　　　　　　　单号：RKTZD20230730

收货地址	青岛市万方物流中心		收货人	李芳	收货电话	
计划发货日期	2023.7.30		计划到货日期		2023.8.1	
货品条码	货品名称	包装规格（mm）	数量	单位	生产日期	备注
6910019007331	全效加浓丝瓜洗洁精	350×350×245	38	箱	20230711	/
6910019015176	除菌无磷洗衣粉5kg袋装	285×380×270	20	箱	20230629	/
6910019009533	阳光馨香透明皂	190×370×270	40	箱	20230719	/

上午8时30分货物到达，验收员李广进行到货验收，经检查，发现全效加浓丝瓜洗洁精有2箱外包装破损，其他货物验收合格，与供应商代表沟通后，按照采购入库要求，破损货物拒收退货，其他货物收货。

仓管员张小凡按照货架尺寸和货物包装规格，计算出每个货位可以存放以上三种货品的最大容量分别为全效加浓丝瓜洗洁精18箱、除菌无磷洗衣粉5kg袋装30箱、阳光馨香透明皂45箱。按照储位分配规则，生成入库单（单号：RK001），将质量合格的货物统一入库到普通仓1号库，库区为A区，并于上午9时30分完成此次入库任务。

（2）在库作业。

按照仓库盘点规定，对仓库进行盘点，上午9时30分仓库接到编号为PD002的盘点指令，上午10时前对托盘货架区（A区）进行盘点。仓管员陆雪琪进行第一次现货盘点，发现库内清火抗敏牙膏多1箱，有1箱防菌抗敏牙膏包装破损，其他货品正常；

仓管员沈碧瑶进行复盘，发现库内清火抗敏牙膏少1箱，与初盘结果不符，后经过进一步复核，证明是初盘人盘点错误，陆雪琪完成了盘点单的填制并负责回单。

 **任务准备**

1.入库作业

（1）入库验收。货品验收主要是对货品数量、质量和包装的验收。验收人员检查入库货品数量是否与订单资料或其他凭证相符，规格、牌号等有无差错，货品质量是否符合规定要求，包装能否保证货物在运输和储存过程中的安全，销售包装是否符合要求。

（2）储位分配。储位分配是指在储存空间、储存设备、储存策略、储位编码等一系列前期工作准备就绪之后，用一些方法把货品分配到最佳的储位上。储位分配八大原则如表5-5所示。

表5-5　　　　　　　　　　储位分配八大原则

序号	原则	说明
1	货物周转率原则	根据货物的周转率排序，将货物划分为几类，并采取定位存储或分类存储完成对货物的储位分配。例：按照周转率将货物进行ABC分类，A类货物放在第一层，B类货物放在第二层，C类货物放在第三层
2	货物相关性原则	当某几种货物总是同时出现在一张订单中，则可将这些关联度较高的货物集中放置在某个存储区域
3	货物同一性原则	同一品种的货物必须存储在同一存储位置，不可遍布整个仓库存储
4	货物互补性原则	当仓库中某种货物的库存不足时，另一种货物可作为替代，将此两种货物存储在相邻储位
5	货物相容性原则	当某几种货物放在一起会由于相互作用或者产生化学反应而使货物发生质变时，这些相容性低的货物应该放置在相邻较远的货位
6	货物尺寸原则	当仓库中的各个品种的货物存在尺寸的差异性，则可将货物按批存储，使得货物整批形状较为规整，以充分利用库存空间
7	货物重量性原则	在立体仓库中，若货物存在重量的差异，则应将较重的货物放在货架底层，靠近地面放置，较轻的货物可放置在货架上层
8	货物特性原则	在某些存储特殊货物的仓库中可根据货物的特性进行分配

2.在库作业

（1）储位编码。运用"地址式"编码方法对仓库中托盘货架区（A区）的货架进行储位编码，编码原则：采用四组数字表示货位号，顺序为货架的区域、货架的排数、货架的列数、货架的层数。例如，A00100中，"A"表示托盘货架区（A区）、"0"表示货架的第一排、"01"表示货架的第一列、"00"表示货架的第一层，整体意思是托盘货架区（A区）第一排货架第一列第一层储位。

（2）盘点作业。常用的盘点作业方法有表单盘点和RF盘点。表单盘点是比较传统的方法，盘点的依据是盘点单，盘点人员按照盘点单对仓库内所负责区域的货物进行清点，将清点结果填入盘点单。进行差异统计，核对差异原因，处理盘点结果。RF盘点是相对先进的方法，盘点的依据是RF终端设备显示的货品信息，盘点人员用RF终端设备扫描储位条码，输入货品数量，系统进行数据核对。

任务实施

1. 入库单

打开项目五任务一素材文件，将Sheet2工作表改名为“入库单”，制作如图5-1所示的表格。相关格式可参考宋体11，行高24，列宽11，白色、背景1、深色5%等。

	A	B	C	D	E	F	G	H	I
1					入库单				
2							入库单号		
3	库房编号			□正常商品	□暂存商品	□退换货			
4	供应商名称				供应商编号			入库时间	
5	入库通知单号				应收总数			实收总数	
6	商品名称	商品编号	规格	单位	应收数量	实收数量	储位号	生产日期	备注
7									
8									
9									
10									
11	仓管员				信息员				
12					第1页，共2页				

图5-1　空白入库单

根据任务资料，正确缮制入库单，如图5-2所示。

	A	B	C	D	E	F	G	H	I
1					入库单				
2							入库单号	RK001	
3	库房编号	普通仓1号库		☑正常商品	□暂存商品	□退换货			
4	供应商名称	京华商贸有限公司			供应商编号	S000078		入库时间	2023.8.1
5	入库通知单号	RKTZD20230730			应收总数	98		实收总数	96
6	商品名称	商品编号	规格	单位	应收数量	实收数量	储位号	生产日期	备注
7	全效加浓丝瓜洗洁精	6910019007331	350×350×245	箱	38	36	A00100、A00101	20230711	
8	除菌无磷洗衣粉5kg袋装	6910019015176	285×380×270	箱	20	20	A00203	20230629	
9	阳光馨香透明皂	6910019009533	190×370×270	箱	40	40	A00002	20230719	
10									
11	仓管员	张小凡			信息员	李广			
12					第1页，共2页				

图5-2　入库单

2.盘点单

将Sheet3工作表改名为"盘点单"，制作如图5-3所示的表格。

	A	B	C	D	E	F	G
1				盘点单			
2					盘点单号		
3	下达日期		执行日期			目标仓库	
4	负责人		回单人				
5				盘 点 商 品 信 息			
6	商品名称	规格	单位	账面数量	实盘数量	损坏数量	盈亏数量
7							
8							
9							
10							
11							
12	盘点品项（种类）误差率				盘点人		
13				第1页，共2页			
14	备注：盈亏数量一栏用"+"表示盘盈，用"-"表示盘亏。						

图5-3　空白盘点单

根据任务资料，正确缮制托盘货架区（A区）的盘点单（见图5-4）。

盘点单						
				盘点单号		PD001
下达日期	2023.8.1	执行日期	2023.8.1		目标仓库	托盘货架区（A区）
负责人	陆雪琪	回单人	陆雪琪			
盘 点 商 品 信 息						
商品名称	规格	单位	账面数量	实盘数量	损坏数量	盈亏数量
除菌无磷洗衣粉5kg袋装	/	箱	38	38	0	0
清火抗敏牙膏	/	箱	10	9	0	-1
全效加浓丝瓜洗洁精	/	箱	39	39	0	0
防菌抗敏牙膏	/	箱	10	10	1	0
净爽青柠透明皂	/	箱	24	24	0	0
阳光馨香透明皂	/	箱	40	40	0	0
盘点品项（种类）误差率	16.67%			盘点人		陆雪琪
第1页，共2页						
备注：盈亏数量一栏用"+"表示盘盈，用"-"表示盘亏。						

图5-4　盘点单

拓展提升

2023年8月24日，青岛市万方物流中心接到供应商青岛黄河贸易有限公司（简称黄河贸易）发来的一批货物，仓管员刘旭进行到货验收，经检查，发现联想显示器有1箱包装破损，其他货物验收合格，刘旭与送货人员沟通后，包装破损的这箱货物拒收退货，其他货物照实收货。该供应商的货物全部保存在CK02号库房，仓管员孙佳负责为货物安排储位并安排上架。

当天下午，仓库部门进行例行的盘点作业，其中CK02号库房由仓管员黄飞负责盘点。黄飞进行第一次现货盘点，发现库内01010201储位中的数量为25箱，01010104储位中的数量为10箱，01010101储位中的数量为8箱，其中有1箱货物屏碎，01010202储位中的数量为19箱，01010204储位中的数量为6箱。仓管员常亮进行复盘，盘点结果与初盘结果一致。

备注：根据货物ABC分类和货物周转量，货物优先级：联想微型计算机B> 联想显示器 > 联想微型计算机A。库房内可用货位优先级：01010102>01010103>01010203>01010302。根据该仓库货架高度和作业要求，托盘货物存放的高度不超过997mm。

具体操作要求如下。

（1）请以孙佳的身份完成编号为RK0029的入库单。

（2）请以黄飞的身份完成编号为PD002的盘点单。

任务评价

任务名称			姓名			
考核内容	评价标准	参考分值	考核得分			
			自我评价	小组评价	教师评价	
职业素养	认真严谨的学习态度	10				
	良好的专业行为规范	10				
知识素养	掌握表格设计技巧	10				
	掌握入库验收要点	10				
	了解储位分配原则	10				
	了解盘点方法	10				
技能素养	入库单、盘点单表格制作规范	20				
	入库单、盘点单表格填写正确	20				
小计		100				
合计（自我评价×30%+小组评价×30%+教师评价×40%）						

任务二　仓储业务单证设计及填制二

 知识目标

1.熟悉 Excel 表格设计技巧。
2.掌握拣货单、出库单等表格的处理。

 能力目标

根据资料，正确缮制拣货单、出库单等常用仓储单据。

 情感目标

1.养成认真严谨、一丝不苟的工作态度。
2.培养数据获取和处理能力。

 工作任务

2023 年 8 月 1 日上午 10 时，青岛市万方物流中心收到客户京华商贸有限公司发来的两份发货通知单。发货通知单（单号 FHTZD001）信息如表 5-6 所示。

表 5-6　　　　　　　　发货通知单（单号 FHTZD001）信息

客户名称	京华商贸有限公司			紧急程度	一般
库房	普通仓 1 号库	出库类型	正常出库	是否送货	否
收货人	联华超市（市南 1 店）				
预计出库时间	2023 年 8 月 1 日				
货品条码	货品名称	包装规格	单位	数量	批次	备注
6959753100014	净爽青柠透明皂	/	箱	9	/	/
6902132083224	护龈抗敏牙膏	/	盒	5	/	/
6902132082401	防菌抗敏牙膏	/	盒	3	/	/

货品条码	货品名称	包装规格	单位	数量	批次	备注
6938888889896	除菌无磷洗衣粉5kg袋装	/	袋	2	/	/
6902132083606	清火抗敏牙膏	/	盒	5	/	/

发货通知单（单号FHTZD002）信息如表5-7所示。

表5-7　　　　　　　　　**发货通知单（单号FHTZD002）信息**

客户名称	京华商贸有限公司			紧急程度	一般
库房	普通仓1号库	出库类型	正常出库	是否送货	否
收货人	联华超市（市北1店）				
预计出库时间	2023年8月1日				
货品条码	货品名称	包装规格	单位	数量	批次	备注
6959753100014	净爽青柠透明皂	/	箱	10	/	/
6902132082401	防菌抗敏牙膏	/	箱	3	/	/
6910019009533	阳光馨香透明皂	/	件	6	/	/
6910019007331	全效加浓丝瓜洗洁精	/	箱	4	/	/
6910019024697	红柚薄荷洗洁精	/	瓶	3	/	/

上午10时30分，仓管员李航根据库存信息和按生产日期先进先出的出库规则，生成了出库单（出库单号与发货通知单单号一致）和拣货单，托盘货架区采用播种式拣选（拣货单编号JH001），电子标签拣选区采用摘果式拣选（拣货单编号JH002、JH003），拣货员于振负责托盘货架区拣货作业。上午11时，所有拣货作业完成，没有出现库存不足等异常的情况。

 任务准备

1.拣选方式

常用的拣选方式有订单拣选、批量拣选和复合拣选。

订单拣选是针对每一张订单，拣货人员按照订单拣选所列商品，将客户所订购的一定数量的商品逐一由相应的储位取出，然后集中在一起的拣选方式。订单拣选又称摘果式拣选。

批量拣选是指将数张订单汇集在一起，将各订单内相同商品的订购数量汇总，一起拣选处理。批量拣选又称播种式拣选，拣选过程属于先摘果后播种。

复合拣选是为克服订单拣选和批量拣选的不足，将订单拣选和批量拣选组合起来的拣选方式。

根据客户订单的商品品种、数量、出库频率等因素，确定哪些订单适合订单拣选，哪些订单适合批量拣选，分别采用不同的拣选方式处理。

2.拣选原则

拣选原则主要有先进先出、优先释放货位等原则。拣选规则举例如表5-8所示。

表5-8 拣选规则举例

序号	拣选规则
1	按客户订单号顺序拣选，如遇缺货，客户及仓库均允许按库存实有数量发货，后面补发所缺数量，此订单仍然有效
2	一般情况按先进先出原则（生产日期）拣选，特殊情况按客户要求拣选
3	单一客户散装货物需求优先换算为整箱货物需求出库，整箱不足的零散货架区出库
4	整箱货物和拆零货物优先采用播种式拣选，播种式拣选每货物一个拣选单（按货物出库量从大到小排序），摘果式拣选每客户一个拣选单（按客户订单号顺序排序）
5	若整箱货物（单品种）有多个货位存放，则优先从拣选货位出库（拣选货位号小的先出库），再从储存货位出库（储存货位层数低的先出库）；若拆零货物（单品种）有多个货位存放，则优先从号小的拣选货位出库，出清后再依次从其他货位出库
6	不同货架区分别拣选，全部拣选完成，再进行合流

 任务实施

1.拣货单

打开项目五任务二素材文件，将Sheet2工作表改名为"拣货单"，制作如图5-5所示的表格。相关格式可参考宋体11，行高24，列宽11，白色、背景1、深色5%等。

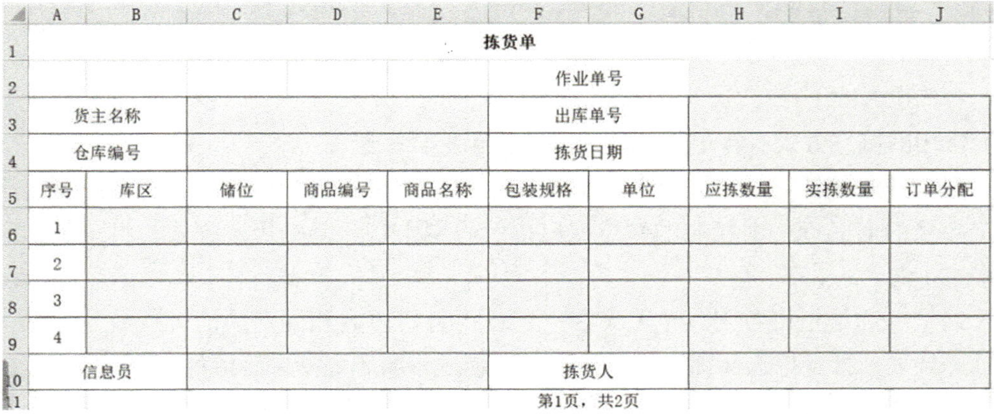

图5-5 空白拣货单

根据任务资料，正确缮制托盘货架区拣货单，如图5-6所示。

拣货单									
					作业单号		JH001		
货主名称		京华商贸有限公司			出库单号		FHTZD001、FHTZD002		
仓库编号		普通仓1号库			拣货日期		2023.8.1		
序号	库区	储位	商品编号	商品名称	包装规格	单位	应拣数量	实拣数量	订单分配
1	A区	A00000	6959753100014	净爽青柠透明皂	/	箱	7	7	FHTZD001：9 FHTZD002：10
2	A区	A00001	6959753100014	净爽青柠透明皂	/	箱	12	12	FHTZD001：9 FHTZD002：10
3	A区	A00101	6910019007331	全效加浓丝瓜洗洁精	/	箱	1	1	FHTZD002：4
4	A区	A00102	6910019007331	全效加浓丝瓜洗洁精	/	箱	3	3	FHTZD002：4
5	A区	A00103	6902132082401	防菌抗敏牙膏	/	箱	6	6	FHTZD001：3 FHTZD002：3
信息员		李航			拣货人		于振		
				第1页，共2页					

图5-6　拣货单

2.出库单

将Sheet3工作表改名为"出库单"，制作如图5-7所示的表格。

出库单							
				出库单号			
库房				出库时间			
客户名称				应发总数 （箱）		实发总数 （箱）	
商品名称	商品编号	规格	单位	应发数量	实发数量	生产日期	备注
仓管员				提货人			
			第1页，共2页				

图5-7　空白出库单

根据任务资料，正确缮制联华超市（市北1店）的出库单，出库单示例如图5-8所示。

	A	B	C	D	E	F	G	H
1	出库单							
2					出库单号		FHTZD002	
3	库房	普通仓1号库			出库时间		2023.8.1	
4	客户名称	联华超市（市北1店）			应发总数（箱）	26	实发总数（箱）	26
5	商品名称	商品编号	规格	单位	应发数量	实发数量	生产日期	备注
6	净爽青柠透明皂	6959753100014	/	箱	10	10	20230620	
7	防菌抗敏牙膏	6902132082401	/	箱	3	3	20230415	
8	阳光馨香透明皂	6910019009533	/	件	6	6	/	
9	全效加浓丝瓜洗洁精	6910019007331	/	箱	4	4	20230615 20230711	
10	红柚薄荷洗洁精	6910019024697	/	瓶	3	3	/	
11	仓管员	李航			提货人			
12	第1页，共2页							

图5-8　出库单

拓展提升

2023年8月8日上午9时，青岛市万方物流中心成品库收到业务部李琪转来青岛弘业股份有限公司带有公章的发货通知单后，准备这批货物的出库操作。管理员何璐璐根据发货通知单信息编制了出库单和拣货单，交给仓库拣货员王小林。2023年8月8日下午4时，拣货员王小林按拣货单完成所有的拣货作业，将出库的货品移至配送部准备发货，所需货品没有出现库存不足等异常的情况。具体操作要求如下。

（1）请以青岛市万方物流中心成品库管理员何璐璐的身份，缮制单号为CKD20230636、CKD20230637、CKD20230638的出库单。

（2）请以青岛市万方物流中心成品库管理员何璐璐的身份，根据出库单信息，缮制单号为JHD20230658的拣货单。

任务评价

任务名称			姓名			
考核内容	评价标准	参考分值	考核得分			
				自我评价	小组评价	教师评价
职业素养	认真严谨的学习态度	10				
	良好的专业行为规范	10				

考核内容	评价标准	参考分值	考核得分		
			自我评价	小组评价	教师评价
知识素养	掌握表格设计技巧	10			
	了解出库原则	10			
	掌握播种式拣选	5			
	掌握摘果式拣选	5			
	了解拣选方式、原则	10			
技能素养	拣货单、出库单表格制作规范	20			
	拣货单、出库单表格填写正确	20			
小计		100			
合计（自我评价×30%+小组评价×30%+教师评价×40%）					

任务三　仓储货物组托设计

 知识目标

1.掌握 Excel 画图等基本技巧。
2.熟悉货物组托概念、原则和形式。

 能力目标

1.能利用相关数据填制货物组托明细表。
2.能绘制货物组托主视图、俯视图。

 情感目标

1.养成认真严谨、精益求精的学习态度。
2.提升灵活使用工具分析和解决问题的能力。

 工作任务

2023 年 8 月 10 日，青岛市万方物流中心有一批货物需要入库，入库任务单如表 5-9 所示，货品入库前需要先对其在托盘上进行组托，再使用叉车进行搬运，上架至货架。托盘和货架尺寸信息如表 5-10 所示。货架尺寸示意如图 5-9 所示。

表5-9　　　　　　　　　　　入库任务单

入库任务单号：RKTZD20230810　　　　　　　　　　　计划入库时间：2023.8.10

序号	货品条码	货品名称	包装规格（mm）	生产日期	重量/箱（kg）	实际入库（箱）
1	6910019007331	全效加浓丝瓜洗洁精	570×380×220	20230711	55	25
2	6910019015176	除菌无磷洗衣粉5kg袋装	285×380×270	20230629	50	30
3	6910019009533	阳光馨香透明皂	190×370×270	20230719	20	90

表5-10　　　　　　　　　　　　托盘和货架尺寸信息

名称	规格要求	数量
货架	横梁式，每货架6列3层，每2列为一组，每组货位限重3100kg； 货架横梁高度80mm； 每一层货架的尺寸为13800mm×800mm×1500mm； 每组储位的尺寸为2300mm×800mm×1500mm	6组
托盘	1200mm×1000mm×160mm，PVC托盘，重15kg	一批

注：作业净空要求大于或等于150mm。

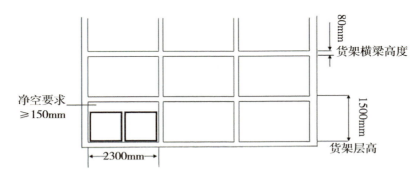

图5-9　货架尺寸示意

请对入库任务单中的三种货品进行组托，并填制货物组托明细表、画出组托示意图，包含货物组托主视图、俯视图。

 任务准备

1.货物组托

货物组托是货物在托盘上摆放、组合过程的简称，实际上就是把小件货物堆码在一个标准托盘上的过程，其目的是提高货物装卸、运输的速度。

托盘（Pallet）是指在运输、搬运和存储过程中，将物品规整为货物单元时，作为承载面并包括承载面上辅助结构件的装置〔国家标准《物流术语》（GB/T 18354—2021）〕。目前我国的托盘规格有多种，比较常用的是1200mm×1000mm和1100mm×1100mm这两种规格。

2.组托的原则

要达到稳定、简单、易操作且最大量的承载，一般应遵循以下五个原则。

（1）牢固。堆码必须不偏不斜，不歪不倒，尽可能奇偶压缝、旋转交错、缺口留中，确保堆码的安全和牢固。

（2）方便合理。应根据货物箱型规格选择合适材质、尺寸的托盘，及采用不同的堆码方式。

（3）整齐。堆码应按一定规则叠放，排列整齐、规范，货物包装标识应一律向外，便于查找。

（4）定量。货物堆码量不应超过托盘、货架、地坪承压能力和可用高度允许的范围。同时，规范的堆码便于计数和盘点。

（5）节约。堆码时应注意节省空间位置，适当、合理的安排能提高托盘利用率。

3.组托的几种形式

一般情况下，托盘上货物组托的形式主要有四种。组托形式详述如表5-11所示。

表5-11 组托形式详述

组托形式	含义	特点	适用范围	组托示意图
重叠式	各层码放方式相同、上下对齐、层与层之间不交错的堆码形式	操作简单、速度快，四个角、边重叠垂直，承压能力大；但各层之间缺少咬合，牢固性差，容易发生塌垛	适用于货物底面积较大或自动码盘的情况	
纵横交错式	相邻两层货物的摆放互为90°，一层横向放置，另一层纵向放置的堆码形式	各层间有一定的咬合效果，比重叠式稳定性好，但咬合强度不够，稳定性还不足	适用于长箱型货物码放成方形垛或自动码盘的情况	
正反交错式	在同一层中，不同列的货物以90°垂直码放，相邻两层的货物旋转180°的堆码形式	不同层间咬合强度较高，相邻层间不重缝，稳定性较高，操作较麻烦，且包装体之间不是垂直面相互承受载荷，下部货物易压坏	长方形托盘及长箱型货物多采用这种堆码形式	
旋转交错式	第一层相邻的两个包装体互为90°，两层间码放旋转180°的堆码形式	每两层货物间咬合交叉，更加稳固，但码放难度加大，且中间形成空穴，托盘利用率降低	适用于稳定性要求较高的货物	

4.组托示意图的类型

主视图：从正前方观察完成组托货物绘制的示意图。

俯视图：从上方观察完成组托货物绘制的示意图，可分为奇数层俯视图和偶数层俯视图，最后一层的货物数量小于每层堆码数量时，顶层俯视图也会有所不同。

奇数层俯视图：第1、3、5、…层的货物摆放示意图。

偶数层俯视图：第2、4、6、…层的货物摆放示意图。

5.货物组托计算公式

$$托盘货物的堆码层数 = \frac{货架层高 - 托盘高度 - 净空要求 - 货架横梁的高度}{货物高度}$$

$$满托数量 = 每层堆码数量 \times 托盘货物的堆码层数$$

$$托盘数量 = 入库数量 / 满托数量$$

6.相关函数

（1）ROUNDDOWN 函数。

作用：靠近零值，向下（绝对值减小的方向）舍入数字。

格式：= ROUNDDOWN（数值，要保留的小数位数）。

注意：数值是任意实数。要保留的小数位数大于 0，则向下舍入到指定的小数位；要保留的小数位数等于 0，则向下舍入到最接近的整数；要保留的小数位数小于 0，则在小数点左侧向下进行舍入。

（2）ROUNDUP 函数。

作用：靠近零值，向上舍入数字。

格式：=ROUNDUP（数值，要保留的小数位数）。

注意：数值是任意实数。要保留的小数位数大于 0，则向上舍入到指定的小数位；要保留的小数位数等于 0，则向上舍入到最接近的整数；要保留的小数位数小于 0，则在小数点左侧向上进行舍入。

任务实施

1.填制货物组托明细表

查看Sheet1工作表中三种货品的相关信息，计算各类货物在托盘上的每层堆码数量、堆码层数、满托数量及使用托盘数量，在Sheet2工作表中绘制货物组托明细表，如表5-12所示。表格相关格式可参考宋体11，行高24，列宽11，白色、背景1、深色5%等。

表5-12　　　　　　　　　　货物组托明细表

序号	货品名称	包装规格（mm）	入库数量（箱）	每层堆码数量（箱）	堆码层数（层）	满托数量（箱）	托盘数量（个）
1	全效加浓丝瓜洗洁精	570×380×220	25	5	5	25	1
2	除菌无磷洗衣粉5kg袋装	285×380×270	30	10	3	30	1
3	阳光馨香透明皂	190×370×270	90	15	4	60	2

试一试

计算堆码层数时需向下取整，计算托盘数量时需向上取整。以阳光馨香透明皂为例，堆码层数 =(1500−160−150−80)/270=4.11111，利用 ROUNDDOWN 函数，ROUNDDOWN（4.11111，0)=4，计算出堆码层数为4；托盘数量 =90/60=1.5，利用ROUNDUP函数，ROUNDUP（1.5，0）=2，计算出需要托盘的数量为2。

2. 绘制组托示意图

在Sheet2工作表中，根据托盘信息，画出托盘俯视图、主视图，如图5-10和图5-11所示，并标明尺寸，颜色自选，这里填充"标准色，蓝色"。

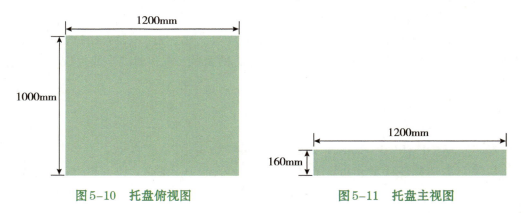

图5-10　托盘俯视图　　　　　　图5-11　托盘主视图

以全效加浓丝瓜洗洁精为例，在托盘俯视图上加载5.7cm×3.8cm的矩形图形，图形纯色填充"橙色，个性色2，深色25%"，根据货物组托明细表数据，其奇、偶数层俯视图如图5-12所示。在托盘主视图上加载5.7cm×2.2cm、3.8cm×2.2cm的矩形图形，其主视图如图5-13所示。

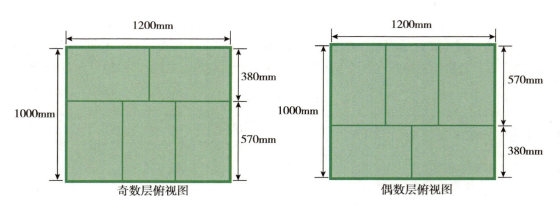

图5-12　全效加浓丝瓜洗洁精的奇、偶数层俯视图

3. 分别绘制除菌无磷洗衣粉5kg袋装、阳光馨香透明皂的组托示意图

除菌无磷洗衣粉5kg袋装的奇、偶数层俯视图如图5-14所示，主视图如图5-15所示。

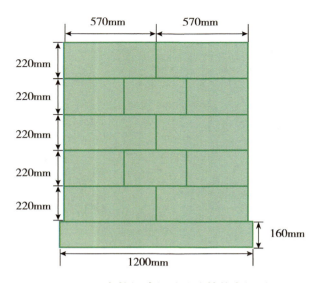

图5-13　全效加浓丝瓜洗洁精的主视图

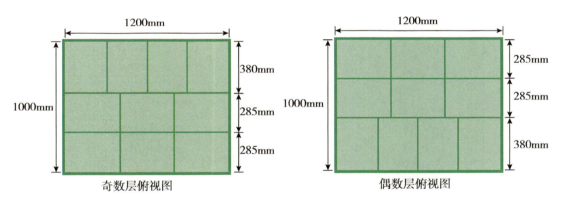

奇数层俯视图　　　　　　　　偶数层俯视图

图5-14　除菌无磷洗衣粉5kg袋装的奇、偶数层俯视图

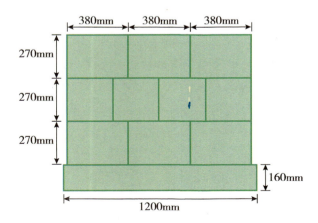

图5-15　除菌无磷洗衣粉5kg袋装的主视图

阳光馨香透明皂的奇、偶数层俯视图如图5-16所示，主视图如图5-17所示。

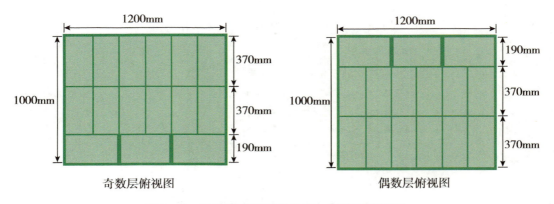

图5-16　阳光馨香透明皂的奇、偶数层俯视图

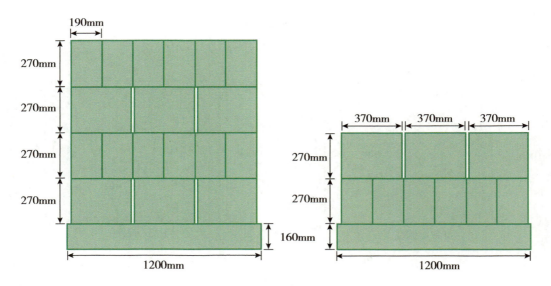

图5-17　阳光馨香透明皂的主视图

试一试

货物组托因数量不同，会出现各种情况的组托示意图，请根据实际情况绘制。如果货物数量不满一层最大堆码数量时，除奇、偶数层俯视图，还需画出顶层俯视图；如果货物数量较大，需组多个托盘，且最后一个托盘不满托时，需画出满托及不满托的2个主视图。

拓展提升

2023年8月10日下午5时，青岛市万方物流中心又有一批经典巧克力味香脆曲奇饼干需要入库，饼干包装箱规格为480mm×320mm×200mm，共54箱，托盘、货架、净空要求等数据信息不变，请完成该货品的货物组托明细表，并画出组托示意图，包含主视图、俯视图。

任务评价

任务名称			姓名			
考核内容	评价标准	参考分值	考核得分			
			自我评价	小组评价	教师评价	
职业素养	认真严谨的学习态度	10				
	良好的专业行为规范	10				
知识素养	了解托盘标准	5				
	了解组托的原则	5				
	掌握组托的常见形式	15				
	了解俯视图、主视图	15				
技能素养	能熟练计算货物组托明细表的各项目	20				
	制作货物组托俯视图、主视图	20				
小计		100				
合计（自我评价×30%+小组评价×30%+教师评价×40%）						

任务四　货品库存管理ABC分类法

 知识目标

1.理解ABC分类的原理与原则。
2.掌握ABC分类的实施步骤。

 能力目标

能够进行货品ABC分类。

 情感目标

1.养成认真严谨、精益求精的学习态度。
2.提升根据实际情况分析问题、解决问题的能力。

 工作任务

2023年8月31日，青岛市万方物流中心对仓库各类货品进行盘点，统计出了当天的货品库存量，如表5-13所示。为进一步节约仓储管理成本，提升库存管理质量，要求按照8月31日货品库存量统计，对货品进行ABC分类调整。ABC分类标准及原则如表5-14所示。

表5-13　　　　　　　　　　货品库存量统计

序号	货品编码/条码	货品名称	库存量（箱）
1	6911197263478	939婴儿摇铃	306
2	6911167523468	NUK超厚婴儿湿巾	108
3	6911174287697	澳乐儿童围栏	520
4	6911197621920	宝得适儿童汽车安全座椅	1960
5	6911175266781	贝亲婴儿凡士林	200

序号	货品编码/条码	货品名称	库存量（箱）
6	6911167656897	多功能婴儿床	137
7	6911189865368	儿童电话机	300
8	6911198762561	儿童电子琴	3400
9	6911128364628	儿童手敲八音盒	230
10	6911127654289	儿童吸管杯	205
11	6911199086273	儿童益智玩具	315
12	6911108198373	儿童早教机	360
13	6911164328190	孩之宝爬行垫	364
14	6911158979679	好孩子多功能婴儿推车	144
15	6911172518969	好奇铂金装纸尿裤	86
16	6911169076689	花王纸尿裤	287
17	6911176526578	妈咪宝贝婴儿湿纸巾	150
18	6911167890165	美德乐电动吸乳器	7035
19	6911165454289	屁屁乐专业护臀霜60g	132
20	6911168976716	五羊婴儿橄榄油	86
21	6911185645152	香蕉宝宝婴儿牙刷	1440
22	6911167854212	小白熊调奶器	243
23	6911109871176	小蜜蜂宝宝护肤膏	280
24	6911169076527	一级邦宝适拉拉裤	2976
25	6911169876078	易简婴儿理发器	1156
26	6911106756352	婴儿背带	50
27	6911146789765	婴儿防撞条	96
28	6911138976265	婴儿辅食机	138
29	6911196356271	婴儿健身架	3472
30	6911154789065	婴儿睡袋	70

表5-14　ABC分类标准及原则

分类	品种数累计占比（%）	库存量累计占比（%）
A类	0＜A类≤15	0＜A类≤65
B类	15＜B类≤45	65＜B类≤90
C类	45＜C类≤100	90＜C类≤100

 **任务准备**

1.ABC分类法

ABC分类法是指将库存物品按照设定的分类标准和要求分为特别重要的库存(A类)、一般重要的库存(B类)和不重要的库存(C类)三个等级，然后针对不同等级分别进行控制的管理方法[国家标准《物流术语》(GB/T 18354—2021)]。它又称重点管理法、ABC分析法、帕累托分析法、主次因素分析法等。一般地，A类、B类、C类库存控制方式如表5–15所示。

表5–15 库存控制方式

管理因素	分类		
	A类	B类	C类
管理方法	重点管理	次重点管理	一般管理
安全库存量	小	较大	允许较大
订货方式	经济订货批量	定期订货	经验估算
订货量	订货量少，将库存压缩到最低水平	较多	集中大量订货来节约订货费用
检查库存情况	经常检查	一般检查	季度或年度检查
进出量统计	详细统计	一般统计	简单统计
盘点频率	较高	一般	较低

2.ABC分类法实施步骤

ABC分类法的实施，需要企业各部门协调与配合，并且要求各种库存数据完整、准确。主要实施步骤如下。

（1）确定统计时间并收集数据。

确定要分析的统计时间，从仓库库存管理各部门收集相关数据，如库存货品的品种数、期初库存量、出入库量、单价、库存资金占用等。

（2）处理数据。

对收集到的数据进行整理，并按照设定的分类标准进行计算，如利用库存货品期初库存量、出入库量可计算出库存结余量，利用库存货品的品种数、单价可计算出库存金额。

（3）编制ABC分类表格。

根据设定的分类标准，编制相应的ABC分类表格。例如，按照库存结余量进行分类，则需要按库存结余量的大小，由高到低进行排序，计算出库存结余量占比、库存结余量累计占比。

（4）确定分类。

按照设定的分类标准及原则，对库存货品分类。一般来说，各种库存货品分类标准及所占比例由企业根据需要确定，没有统一的标准。

 **任务实施**

1.建立ABC分类表格

打开项目五任务四素材文件，Sheet1工作表为青岛市万方物流中心的库存基本信息；创建副本，重命名为"ABC分类计算"，增加如图5-18所示的字段。

	A	B	C	D	E	F	G	H
1	序号	货品名称	库存量（箱）	库存量占比	库存量累计占比	品种数占比	品种数累计占比	ABC分类结果
2	1	939婴儿摇铃	306					
3	2	NUK超厚婴儿湿巾	108					
4	3	澳乐儿童围栏	520					
5	4	宝得适儿童汽车安全座椅	1960					
6	5	贝亲婴儿凡士林	200					
7	6	多功能婴儿床	137					
8	7	儿童电话机	300					
9	8	儿童电子琴	3400					
10	9	儿童手敲八音盒	230					
11	10	儿童吸管杯	205					
12	11	儿童益智玩具	315					
13	12	儿童早教机	360					
14	13	孩之宝爬行垫	364					
15	14	好孩子多功能婴儿推车	144					
16	15	好奇铂金装纸尿裤	86					
17	16	花王纸尿裤	287					
18	17	妈咪宝贝婴儿湿纸巾	150					
19	18	美德乐电动吸乳器	7035					
20	19	屁屁乐专业护臀霜60g	132					
21	20	五羊婴儿橄榄油	86					
22	21	香蕉宝宝婴儿牙刷	1440					
23	22	小白熊调奶器	243					
24	23	小蜜蜂宝宝护肤膏	280					
25	24	一级邦宝适拉拉裤	2976					
26	25	易简婴儿理发器	1156					
27	26	婴儿背带	50					
28	27	婴儿防撞条	96					
29	28	婴儿辅食机	138					
30	29	婴儿健身架	3472					
31	30	婴儿睡袋	70					

图5-18 ABC分类表格

2.对库存数据进行排序

对库存量进行降序排序，排序结果如图5-19所示，这一步最关键。

3.对ABC分类表格中的各项目进行计算

库存量占比：每一种货品的库存量在总库存量中所占的比例。在D2单元格输入公式" = C2/SUM(C\$2:C\$31)"；或者先计算总库存量，再计算库存量占比，在C32单元格输入公式"=SUM(C2:C31)"，在D2单元格输入公式" = C2/\$C\$32"，向下引用至最后一种货品。

库存量累计占比：从第一行开始逐行对库存量占比数据进行累加。在E2单元格中输入公式"=D2"，在E3单元格中输入公式" = D3+E2"，依次类推，向下引用至最后一种货品。

品种数占比：每种货品在总货品数中所占的比例。本例中共30种货品，因此每种货品的品种数占比均为1/30，在F2单元格中输入公式"=1/30"。

物流数据处理与分析（Excel版）

	A	B	C	D	E	F	G	H
1	序号	货品名称	库存量（箱）	库存量占比	库存量累计占比	品种数占比	品种数累计占比	ABC分类结果
2	18	美德乐电动吸乳器	7035					
3	29	婴儿健身架	3472					
4	8	儿童电子琴	3400					
5	24	一级邦宝适拉拉裤	2976					
6	4	宝得适儿童汽车安全座椅	1960					
7	21	香蕉宝宝婴儿牙刷	1440					
8	25	易简婴儿理发器	1156					
9	3	澳乐儿童围栏	520					
10	13	孩之宝爬行垫	364					
11	12	儿童早教机	360					
12	11	儿童益智玩具	315					
13	1	939婴儿摇铃	306					
14	7	儿童电话机	300					
15	16	花王纸尿裤	287					
16	23	小蜜蜂宝宝护肤膏	280					
17	22	小白熊调奶器	243					
18	9	儿童手敲八音盒	230					
19	10	儿童吸管杯	205					
20	5	贝亲婴儿凡士林	200					
21	17	妈咪宝贝婴儿湿纸巾	150					
22	14	好孩子多功能婴儿推车	144					
23	28	婴儿辅食机	138					
24	6	多功能婴儿床	137					
25	19	屁屁乐专业护臀霜60g	132					
26	2	NUK超厚婴儿湿巾	108					
27	27	婴儿防撞条	96					
28	15	好奇铂金装纸尿裤	86					
29	20	五羊婴儿橄榄油	86					
30	30	婴儿睡袋	70					
31	26	婴儿背带	50					

图5-19 库存量降序排序

品种数累计占比：从第一行开始逐行对品种数占比数据进行累加。在G2单元格中输入公式"=F2"，在G3单元格中输入公式"=F3+G2"，向下引用至最后一种货品。设置各项目的数据格式为百分比样式，保留两位小数。最终结果如图5-20所示。

	A	B	C	D	E	F	G	H
1	序号	货品名称	库存量（箱）	库存量占比	库存量累计占比	品种数占比	品种数累计占比	ABC分类结果
2	18	美德乐电动吸乳器	7035	26.80%	26.80%	3.33%	3.33%	
3	29	婴儿健身架	3472	13.23%	40.03%	3.33%	6.67%	
4	8	儿童电子琴	3400	12.95%	52.99%	3.33%	10.00%	
5	24	一级邦宝适拉拉裤	2976	11.34%	64.33%	3.33%	13.33%	
6	4	宝得适儿童汽车安全座椅	1960	7.47%	71.79%	3.33%	16.67%	
7	21	香蕉宝宝婴儿牙刷	1440	5.49%	77.28%	3.33%	20.00%	
8	25	易简婴儿理发器	1156	4.40%	81.68%	3.33%	23.33%	
9	3	澳乐儿童围栏	520	1.98%	83.67%	3.33%	26.67%	
10	13	孩之宝爬行垫	364	1.39%	85.05%	3.33%	30.00%	
11	12	儿童早教机	360	1.37%	86.42%	3.33%	33.33%	
12	11	儿童益智玩具	315	1.20%	87.62%	3.33%	36.67%	
13	1	939婴儿摇铃	306	1.17%	88.79%	3.33%	40.00%	
14	7	儿童电话机	300	1.14%	89.93%	3.33%	43.33%	
15	16	花王纸尿裤	287	1.09%	91.03%	3.33%	46.67%	
16	23	小蜜蜂宝宝护肤膏	280	1.07%	92.09%	3.33%	50.00%	
17	22	小白熊调奶器	243	0.93%	93.02%	3.33%	53.33%	
18	9	儿童手敲八音盒	230	0.88%	93.90%	3.33%	56.67%	
19	10	儿童吸管杯	205	0.78%	94.68%	3.33%	60.00%	
20	5	贝亲婴儿凡士林	200	0.76%	95.44%	3.33%	63.33%	
21	17	妈咪宝贝婴儿湿纸巾	150	0.57%	96.01%	3.33%	66.67%	
22	14	好孩子多功能婴儿推车	144	0.55%	96.56%	3.33%	70.00%	
23	28	婴儿辅食机	138	0.53%	97.09%	3.33%	73.33%	
24	6	多功能婴儿床	137	0.52%	97.61%	3.33%	76.67%	
25	19	屁屁乐专业护臀霜60g	132	0.50%	98.11%	3.33%	80.00%	
26	2	NUK超厚婴儿湿巾	108	0.41%	98.52%	3.33%	83.33%	
27	27	婴儿防撞条	96	0.37%	98.89%	3.33%	86.67%	
28	15	好奇铂金装纸尿裤	86	0.33%	99.22%	3.33%	90.00%	
29	20	五羊婴儿橄榄油	86	0.33%	99.54%	3.33%	93.33%	
30	30	婴儿睡袋	70	0.27%	99.81%	3.33%	96.67%	
31	26	婴儿背带	50	0.19%	100.00%	3.33%	100.00%	

图5-20 ABC分类数据计算

132

4.ABC分类

按照ABC分类标准及原则，A类的库存量累计占比上限为65%，品种数累计占比上限为15%，且要求两个指标同时满足，观察E列和G列的数据，确定出前四种货品为A类；同理，B类的库存量累计占比上限为90%，品种数累计占比上限为45%，且要求两个指标同时满足，确定出接排的九种货品为B类；其余货品为C类。ABC分类结果如图5-21所示。

	A	B	C	D	E	F	G	H
1	序号	货品名称	库存量（箱）	库存量占比	库存量累计占比	品种数占比	品种数累计占比	ABC分类结果
2	18	美德乐电动吸乳器	7035	26.80%	26.80%	3.33%	3.33%	A
3	29	婴儿健身架	3472	13.23%	40.03%	3.33%	6.67%	A
4	8	儿童电子琴	3400	12.95%	52.99%	3.33%	10.00%	A
5	24	一级邦宝适拉拉裤	2976	11.34%	64.33%	3.33%	13.33%	A
6	4	宝得适儿童汽车安全座椅	1960	7.47%	71.79%	3.33%	16.67%	B
7	21	香蕉宝宝婴儿牙刷	1440	5.49%	77.28%	3.33%	20.00%	B
8	25	易简婴儿理发器	1156	4.40%	81.68%	3.33%	23.33%	B
9	3	澳乐儿童围栏	520	1.98%	83.67%	3.33%	26.67%	B
10	13	孩之宝爬行垫	364	1.39%	85.05%	3.33%	30.00%	B
11	12	儿童早教机	360	1.37%	86.42%	3.33%	33.33%	B
12	11	儿童益智玩具	315	1.20%	87.62%	3.33%	36.67%	B
13	1	939婴儿摇铃	306	1.17%	88.79%	3.33%	40.00%	B
14	7	儿童电话机	300	1.14%	89.93%	3.33%	43.33%	B
15	16	花王纸尿裤	287	1.09%	91.03%	3.33%	46.67%	C
16	23	小蜜蜂宝宝护肤膏	280	1.07%	92.09%	3.33%	50.00%	C
17	22	小白熊调奶器	243	0.93%	93.02%	3.33%	53.33%	C
18	9	儿童手敲八音盒	230	0.88%	93.90%	3.33%	56.67%	C
19	10	儿童吸管杯	205	0.78%	94.68%	3.33%	60.00%	C
20	5	贝亲婴儿凡士林	200	0.76%	95.44%	3.33%	63.33%	C
21	17	妈咪宝贝婴儿湿纸巾	150	0.57%	96.01%	3.33%	66.67%	C
22	14	好孩子多功能婴儿推车	144	0.55%	96.56%	3.33%	70.00%	C
23	28	婴儿辅食机	138	0.53%	97.09%	3.33%	73.33%	C
24	6	多功能婴儿床	132	0.52%	97.61%	3.33%	76.67%	C
25	19	屁屁乐专业护臀膏60g	132	0.50%	98.11%	3.33%	80.00%	C
26	2	NUK超厚婴儿湿巾	108	0.41%	98.52%	3.33%	83.33%	C
27	27	婴儿防撞条	96	0.37%	98.89%	3.33%	86.67%	C
28	15	好奇铂金装纸尿裤	86	0.33%	99.22%	3.33%	90.00%	C
29	20	五羊婴儿橄榄油	86	0.33%	99.54%	3.33%	93.33%	C
30	30	婴儿睡袋	70	0.27%	99.81%	3.33%	96.67%	C
31	26	婴儿背带	50	0.19%	100.00%	3.33%	100.00%	C

图5-21　ABC分类结果

试一试

在货品的ABC分类计算过程中，我们不难发现，计算最终的库存量累计占比及品种数累计占比，除了以上思路，还可以采用先计算库存量累计及品种数累计，再计算库存量累计占比及品种数累计占比的方法，有殊途同归的效果。

拓展提升

2023年9月30日，青岛市万方物流中心对仓库第三季度各类货品的出入库情况进行统计，7、8、9月出入库报表见配套教学资源的素材文件，据此完成青岛市万方物流中心货品的ABC分类（计算过程保留两位小数）。分类标准如表5-16所示。

表5-16　　　　　　　　　　　分类标准

分类	出库量累计占比（%）
A类	0＜A类≤75
B类	75＜B类≤90
C类	90＜C类≤100

任务评价

任务名称			姓名			
考核内容	评价标准	参考分值	考核得分			
			自我评价	小组评价	教师评价	
职业素养	认真严谨的学习态度	10				
	良好的专业行为规范	10				
知识素养	掌握二八法则	10				
	掌握ABC分类法的思想	10				
	掌握ABC分类的原则	10				
	掌握ABC分类的常见标准	10				
技能素养	熟练使用Excel进行数据整理与计算	20				
	熟练掌握货品ABC分类和计算的流程	20				
小计		100				
合计（自我评价×30%+小组评价×30%+教师评价×40%）						

任务五　物流需求预测

知识目标

1. 了解物流需求预测的意义。
2. 掌握时间序列预测方法的计算过程。

能力目标

1. 能够运用时间序列预测方法进行物流需求预测。
2. 能够灵活运用 Excel 内置的分析工具。

情感目标

1. 养成认真严谨、精益求精的工作态度。
2. 提升灵活使用工具分析和解决问题的能力。

工作任务

为减少仓储活动中的缺货情况，青岛市万方物流有限公司统计了 2023 年 12 月 8 日、12 月 12 日、12 月 15 日、12 月 18 日、12 月 21 日、12 月 25 日的桂圆莲子八宝粥的入库量及每次入库前的缺货量数据，决定根据这 6 天的数据预测该货物 12 月 30 日的订货量（预测结果向上取整）。青岛市万方物流有限公司 6 天入库量与缺货量数据如表 5-17 所示。

表5-17　　　青岛市万方物流有限公司6天入库量与缺货量数据　　　单位：箱

日期	12.8	12.12	12.15	12.18	12.21	12.25
入库量与缺货量之和	65	72	86	78	97	112

（1）用算术平均法对 12 月 30 日订货量进行预测。

（2）用移动平均法对 12 月 30 日订货量进行预测，$n=4$。

（3）根据12月15日、12月18日、12月21日、12月25日的数据，采用加权移动平均法对12月30日订货量进行预测，这四天的权数分别为0.1、0.2、0.3、0.4。

（4）用指数平滑法对12月30日订货量进行预测，$\alpha=0.3$。

 **任务准备**

1.物流需求预测的概念和作用

物流需求预测是根据过去和现在的物流需求状况以及影响物流需求变化的因素之间的关系，利用一定的判断经验、技术方法和预测模型，对有关反映市场需求指标变化以及发展的趋势进行预测。

物流企业在调查研究的基础上，通过掌握各种可靠的信息，采用科学的预测方法，对其物流活动中的数据进行预测，能够对未来一定时期内企业物流数据做出估计或判断，更加准确地预测所要实现的任务。

2.物流需求预测方法的分类

物流需求预测的方法分为定性预测方法和定量预测方法两类。定量预测方法又可以分为因果关系预测方法、时间序列预测方法和组合预测方法等。时间序列预测方法主要包括算术平均法、移动平均法、加权移动平均法、指数平滑法等。

时间序列就是将历史数据按时间顺序排列的一组数字序列，如物流企业按年度排列的货物出库量、仓储部门按季度排列的货物出库量、车队按月度排列的货物周转量等。时间序列预测方法就是根据预测对象的这些数据，利用数理统计方法加以处理，来预测事物的发展趋势。时间序列预测方法是企业经营管理工作中常用的一种预测方法。

（1）算术平均法。

算术平均法是将过去一段时期内的实际物流需求数据的算术平均数作为下一段时期预测值的一种简单的时间序列预测方法。由于该方法没有考虑近期和远期数据在预测上的差异，所以只适合变化不大的物流需求数据的预测。

算术平均法计算公式：

$$\overline{x}_{t+1} = \frac{x_1 + x_2 + x_3 + \cdots + x_t}{t}$$

式中：$\overline{x}_{t+1}$——第t+1期物流需求预测值；

x_t——第t期实际物流需求数据。

试一试

青岛市万方物流有限公司2020年、2021年、2022年饮料类货物出库数量分别为7000箱、7300箱、11400箱，请使用算术平均法预测2023年饮料类货物出库数量。

（2）移动平均法。

移动平均法将距离预测期最近的几期的实际物流需求数值的平均值作为预测值。

使用移动平均法进行预测能平滑掉物流需求的随机波动对预测结果的影响，但无法对物流需求中的季节性因素、快速增长和快速下降等非随机性变动进行预测。

移动平均法计算公式：

$$\overline{x}_{t+1} = \frac{x_t + x_{t-1} + x_{t-2} + \cdots + x_{t-(n-1)}}{n}$$

式中：$\overline{x}_{t+1}$——第 t+1 期物流需求预测值；

$\quad\quad x_t$——第 t 期实际物流需求数据；

$\quad\quad n$——预测所用的期数。

试一试

青岛市万方物流有限公司 2020 年、2021 年、2022 年饮料类货物出库数量分别为 7000 箱、7300 箱、11400 箱，请使用移动平均法预测 2023 年饮料类货物出库数量，n=2。

（3）加权移动平均法。

物流需求的不同时期的历史数据对预测未来的物流需求量的作用是不一样的，因此为了提高预测的准确性，应该给不同时期的历史数据赋予不同的权重。一般情况下，离预测期时间越近的数据对预测值的影响越大，应赋予较大的权重。加权移动平均法与移动平均法最大的差别在于不同时期的历史数据被赋予了不同的权重，而且离预测期时间较近的数据往往被赋予较大的权重。

加权移动平均法计算公式：

$$\overline{x}_{t+1} = \frac{x_t w_t + x_{t-1} w_{t-1} + x_{t-2} w_{t-2} + \cdots + x_{t-(n-1)} w_{t-(n-1)}}{w_t + w_{t-1} + w_{t-2} + \cdots + w_{t-(n-1)}}$$

式中：$\overline{x}_{t+1}$——第 t+1 期物流需求预测值；

$\quad\quad x_t, x_{t-1}, x_{t-2}, \cdots, x_{t-(n-1)}$——第 t 期以及第 t 期以前各期物流需求数据的值；

$\quad\quad w_t$——实际物流需求数据所对应的权数；

$\quad\quad n$——预测所用的期数。

试一试

青岛市万方物流有限公司 2020 年、2021 年、2022 年饮料类货物出库数量分别为 7000 箱、7300 箱、11400 箱，对应的权数分别为 1、2、3，请使用加权移动平均法预测 2023 年饮料类货物出库数量。

（4）指数平滑法。

算术平均法忽视远期和近期数据在预测上的差异，对时间序列中的过去的数据全部加以同等利用。加权移动平均法虽然考虑了远期和近期数据在预测上的差异，赋予近期数据更大的权重，但大量远期数据被完全忽视。指数平滑法综合了算术平均法和移动平均法两者的优点，不舍弃远期数据，但又逐渐减弱远期数据的影响程度，随着时间的远离，远期数据的权重逐渐收敛为零。

指数平滑法计算公式：

$$\overline{x}_{t+1} = \alpha x_t + (1-\alpha)\overline{x}_t$$

式中：$\overline{x}_{t+1}$——第 $t+1$ 期物流需求预测值；

$\quad\quad\overline{x}_t$——第 t 期物流需求预测值；

$\quad\quad x_t$——第 t 期实际物流需求数据；

$\quad\quad\alpha$——平滑系数。

如果缺少第 1 期之前的物流需求数据，那么 $\overline{x}_1$ 是无法预测的，这时可以取 $\overline{x}_1 = x_1$。

试一试

青岛市万方物流有限公司 2022 年到 2023 年饮料类货物四个季度的出库数量如表 5-18 所示，请使用指数平滑法预测 2023 年第三季度饮料类货物出库数量，$\alpha = 0.2$。

表5-18　青岛市万方物流有限公司2022年到2023年饮料类
货物四个季度的出库数量　　　　　　　　　单位：箱

季度	一	二	三	四
2022年出库数量	1200	700	900	1100
2023年出库数量	1400	1000	?	

 任务实施

1.录入数据

将 6 天的"入库量与缺货量之和"数据录入 Excel 工作表中，如图 5-22 所示。

2.算术平均法预测

在 C1 单元格中输入"算术平均法预测"，在 C8 单元格中输入公式"=ROUNDUP(AVERAGE(B2:B7)，0)"，结果如图 5-23 所示。

	A	B
1	日期	入库量与缺货量之和
2	12.8	65
3	12.12	72
4	12.15	86
5	12.18	78
6	12.21	97
7	12.25	112
8	12.30	

图5-22　录入数据

	A	B	C
1	日期	入库量与缺货量之和	算术平均法预测
2	12.8	65	
3	12.12	72	
4	12.15	86	
5	12.18	78	
6	12.21	97	
7	12.25	112	
8	12.30		85

图5-23　算术平均法预测

3.移动平均法预测

因为 $n=4$，所以用最近四次的数据作为预测依据。在D1单元格中输入"移动平均法预测"，在D8单元格中输入公式"=ROUNDUP(AVERAGE(B4:B7)，0)"，回车得到12月30日订货量预测值，如图5-24所示。

4.加权移动平均法预测

在E1单元格中输入"各期实际数据所占权重"，在E4至E7单元格中输入"0.1、0.2、0.3、0.4"，在F1单元格中输入"加权移动平均法预测"，在F8单元格中输入公式"=ROUNDUP(SUMPRODUCT(B4:B7，E4:E7)/SUM(E4:E7)，0)"，回车得到12月30日订货量预测值，如图5-25所示。

	A 日期	B 入库量与缺货量之和	C 算术平均法预测	D 移动平均法预测
2	12.8	65		
3	12.12	72		
4	12.15	86		
5	12.18	78		
6	12.21	97		
7	12.25	112		
8	12.30		85	94

图5-24　移动平均法预测

	A 日期	B 入库量与缺货量之和	C 算术平均法预测	D 移动平均法预测	E 各期实际数据所占权重	F 加权移动平均法预测
2	12.8	65				
3	12.12	72				
4	12.15	86			0.1	
5	12.18	78			0.2	
6	12.21	97			0.3	
7	12.25	112			0.4	
8	12.30		85	94		99

图5-25　加权移动平均法预测

5.指数平滑法预测

指数平滑法预测可以通过编辑公式或者Excel内置的分析工具进行。

（1）编辑公式。

在G1单元格中输入"指数平滑法预测"，在G2单元格中输入"=B2"，在G3单元格中输入公式"=0.3*B2+(1-0.3)*G2"，从G3单元格向下拖动，填充至G8单元格，最后对结果向上取整，即可得到12月30日订货量预测值，如图5-26所示。

（2）Excel内置的分析工具。

在H1单元格中输入"指数平滑法预测（Excel内置的分析工具）"。单击"文件"选项卡，在弹出的左侧菜单栏中点击"选项"，在"Excel选项"对话框的左侧菜单栏中选择"加载项"，管理设置为"Excel加载项"，点击【转到】，在"加载项"对话框中勾选"分析工具库"，如图5-27所示。单击"确定"，可以发现在"数据"选项卡中添加了【分析】组的数据分析按钮。

	A	B	C	D	E	F	G
1	日期	入库量与缺货量之和	算术平均法预测	移动平均法预测	各期实际数据所占权重	加权移动平均法预测	指数平滑法预测
2	12.8	65					65
3	12.12	72					65
4	12.15	86			0.1		68
5	12.18	78			0.2		73
6	12.21	97			0.3		75
7	12.25	112			0.4		82
8	12.30		85	94		99	91

图5-26　通过编辑公式进行指数平滑法预测

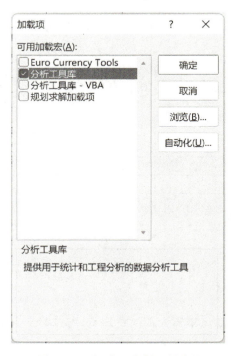

图5-27　勾选"分析工具库"

单击数据分析按钮，在"数据分析"对话框中选择"指数平滑"选项，如图5-28所示。在"指数平滑"对话框中选择输入区域为"$B$2:$B$8"，设置阻尼系数为"0.7"，设置输出区域为"$H$2"，勾选"图表输出"选项，如图5-29所示。

注：平滑系数α代表新旧数据的分配值，它的大小体现了当前预测对近期数据和远期数据的依赖程度，α越小，上期实际值的权重越小。平滑系数+阻尼系数=1。

图5-28　选择"指数平滑"选项

图5-29　"指数平滑"对话框参数设置

单击"指数平滑"对话框中的确定按钮，即可得到预测数据，对预测数据向上取整，如图5-30所示，预测结果与编辑公式所计算的结果一致。

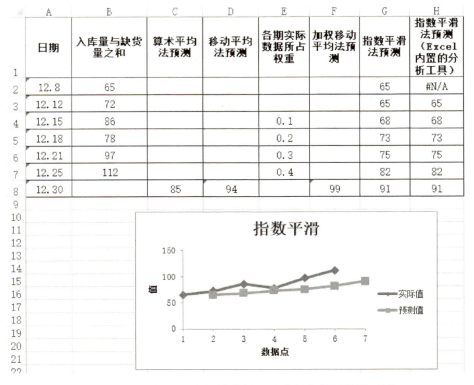

	日期	入库量与缺货量之和	算术平均法预测	移动平均法预测	各期实际数据所占权重	加权移动平均法预测	指数平滑法预测	指数平滑法预测（Excel内置的分析工具）
2	12.8	65					65	#N/A
3	12.12	72					65	65
4	12.15	86			0.1		68	68
5	12.18	78			0.2		73	73
6	12.21	97			0.3		75	75
7	12.25	112			0.4		82	82
8	12.30		85	94		99	91	91

图5-30　通过Excel内置的分析工具进行指数平滑法预测

拓展提升

青岛市万方物流有限公司统计了2017—2022年桂圆莲子八宝粥的出库量情况，数据如表5-19所示，用指数平滑法对2023年的出库量进行预测，设平滑系数 $\alpha=0.92$，2018年的出库量预测值为7280（预测结果向上取整）。

表5-19　　青岛市万方物流有限公司桂圆莲子八宝粥的出库量情况

年份	2017	2018	2019	2020	2021	2022
出库量（箱）	7000	7300	11400	13500	20100	28200

任务评价

任务名称			姓名			
考核内容	评价标准	参考分值	考核得分			
			自我评价	小组评价	教师评价	
职业素养	认真严谨的学习态度	10				
	良好的专业行为规范	10				
知识素养	掌握物流需求预测的意义	5				
	掌握运用时间序列预测方法进行物流需求预测	35				
技能素养	掌握Excel内置的分析工具的使用	40				
小计		100				
合计（自我评价×30%+小组评价×30%+教师评价×40%）						

任务六　仓库EOQ数据分析

知识目标

1.理解经济订货批量（EOQ）模型的基本原理和应用场景。
2.掌握EOQ模型建模的方法和技巧。

能力目标

1.能够根据背景资料，计算某货品的经济订货批量、年订货成本、年储存成本及年库存总成本。
2.能够绘制某货品年订货成本、年储存成本、年库存总成本等数据间关系的图表。

情感目标

1.养成认真严谨的工作态度。
2.培养数据获取和处理能力。

工作任务

青岛市万方物流有限公司在进行年度结算时发现，公司的一款A货品库存成本很高。根据数据分析和公司策略测算，发现每次的订货量（订购批量）需要进行调整。已知该货品年需求量为1000件，单件货品价格为1元，单次订货成本为200元，单件年储存成本为10元，当前订货量为100件。请使用Excel工作表建立EOQ模型，解决以下问题。

（1）计算经济订货批量及年库存总成本的最小值。

（2）计算年订货成本、年储存成本和年库存总成本。

（3）当订货量的值在100~500范围内，以100步长进行变化时，年订货成本、年储存成本以及年库存总成本如何变化？

（4）绘制该货品年订货成本、年储存成本和年库存总成本随订货量变化而变化的图表。

1.认识经济订货批量（EOQ）模型

经济订货批量模型，又称整批间隔进货模型，可以用来确定企业一次订货（外购或自制）的数量。该模型适用于解决定期进货、不允许缺货的存储问题。

企业每次订货的数量会直接影响库存总成本。在年订货量固定的情况下，一般而言，一次订货的数量越大，企业组织开展订货的次数越少，订货成本越低，与此同时仓库持有库存的数量会越多，仓储成本越高；与之相反，一次订货的数量越少，订货成本越高，仓储成本相对越低。

如何确定合适的订货量使企业总成本最低？通过 EOQ 模型，可帮助企业解决这个问题，在既定条件下，当企业按照经济订货批量来订货时，可实现订货成本和储存成本之和最小。成本与订货量的关系如图 5-31 所示。

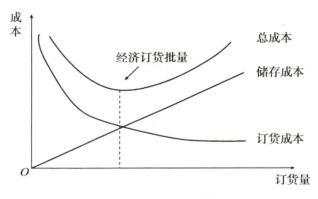

图 5-31　成本与订货量的关系

2.建立 EOQ 模型

（1）库存成本。

库存成本是指在整个库存过程中所发生的全部费用。库存成本组成及含义如表 5-20 所示。

表5-20　　　　　　　　　　　　库存成本组成及含义

成本	含义
订货成本	从发出订单到收到存货整个过程中所付出的费用，包括订单处理费用（如办公费用和文书费用）、运输费、差旅费、保险费以及装卸费等
购入成本	用于购买或生产该货品所支出的费用，与购买量或生产量有关
储存成本	为保持存货而发生的成本，通常指货物从入库到出库期间所发生的成本
缺货成本	由于无法满足客户对货品的需求而产生的损失

（2）EOQ 模型涉及的相关变量。

D——该货品每年的需求量（件）；

Q——订购批量（件）；

Q^*——经济订货批量（件）；

S——单次订货成本（元）；

P——单位货品价格（元）；

K——单位年储存成本（元）；

SC——年订货成本（元）；

KC——年储存成本（元）；

PC——年进货成本（元）；

TC——年库存总成本（元）。

（3）模型假设。

①企业的年需求量已知，即每年的总订货量保持不变。

②单次订货成本固定，与订购批量大小无关。

③货品在仓库的存储量以单位时间消耗 d 件的速度匀速下降，仓储费用与库存量呈线性变化。

④不考虑安全库存，当存储量下降到零时开始下一次订货并能随即到货，库存量由零上升为最高库存量（即订购批量 Q）。

⑤不考虑缺货情况。

⑥不考虑采购、运输等数量折扣和其他约束条件。

（4）模型推导过程。

根据上述模型假设，可知：

年订货成本 = 年需求量 / 订购批量 × 单次订货成本，即 $SC=D/Q \times S$；

年储存成本 = 订购批量 /2 × 单位年储存成本，即 $KC=Q/2 \times K$；

年进货成本 = 年需求量 × 单位货品价格，即 $PC=D \times P$；

年库存总成本 = 年订货成本 + 年储存成本 + 年进货成本，即 $TC=SC+KC+PC$。

将年库存总成本作为目标函数，通过求导公式，可求得当订购批量为经济订货批量时，$Q^* = \sqrt{\dfrac{2DS}{K}}$，年库存总成本处于最低值。

（5）相关工具、函数。

①模拟运算表。

模拟运算表是一个单元格区域，它可显示 Excel 工作表中一个或多个数据变量的变化对计算结果的影响，并将这一过程变化的数值在表中进行记录，以便于比较。它有两种类型：单输入模拟运算表和多输入模拟运算表。单输入模拟运算表中，用户可以对一个变量键入不同的值，从而查看它对一个或多个公式的影响。多输入模拟运算表中，用户可以对多个变量键入不同的值，从而查看它对一个公式的影响。本项目运用的是单输入模拟运算表。

②散点图。

散点图是数理统计回归分析中的一种重要工具，主要的构成元素：数据源、横纵坐标轴、变量名、研究的对象。基本的要素就是点，也就是我们统计的数据，由这些点的分布我们才能观察出变量之间的关系，对决策有重要的引导作用。

③SQRT函数。

作用：计算一个数的平方根。

格式：=SQRT（要计算平方根的数值）。

任务实施

1. 制作EOQ基础数据表格

打开Excel工作表，制作如图5-32所示的表格。为了方便后续运算，将B2、B8的数值进行调用，令B2=C2、B8=C8，并根据任务要求输入具体数值，如图5-33所示。

图5-32　EOQ基础参数

图5-33　EOQ基础数据输入

2. 成本计算

根据上述模型推导出的公式，在B9单元格中输入公式"=B2/B8*B3"；在B10单元格中输入公式"=B8/2*B4"；在B11单元格中输入公式"=B2*B5"；在B12单元格中输入公式"=B9+B10+B11"，得到的结果如图5-34所示。

	A	B	C
1	**经济订货批量**		
2	年需求量D	1000	1000
3	单次订货成本S	200	
4	单位年储存成本K	10	
5	单位货品价格P	1	
6			
7			
8	订购批量Q	100	100
9	年订货成本SC	2000	
10	年储存成本KC	500	
11	年进货成本PC	1000	
12	年库存总成本TC	3500	
13			
14			
15	经济订货批量Q*		
16	EOQ下的年订货成本SC*		
17	EOQ下的年储存成本KC*		
18	EOQ下的年进货成本PC*		
19	EOQ下的年库存总成本TC*		
20			
21			

图5-34　年订货成本、年储存成本、年进货成本和年库存总成本计算结果

3.经济订货批量计算

同理，在B15单元格中输入公式"=SQRT(2*B2*B3/B4)"，得到经济订货批量为200。在B16单元格中输入公式"=B2/B15*B3"；在B17单元格中输入公式"=B15/2*B4"；在B18单元格中输入公式"=B2*B5"；在B19单元格中输入公式"=B16+B17+B18"，得到的结果如图5-35所示。

	A	B	C
1	**经济订货批量**		
2	年需求量D	1000	1000
3	单次订货成本S	200	
4	单位年储存成本K	10	
5	单位货品价格P	1	
6			
7			
8	订购批量Q	100	100
9	年订货成本SC	2000	
10	年储存成本KC	500	
11	年进货成本PC	1000	
12	年库存总成本TC	3500	
13			
14			
15	经济订货批量Q*	200	
16	EOQ下的年订货成本SC*	1000	
17	EOQ下的年储存成本KC*	1000	
18	EOQ下的年进货成本PC*	1000	
19	EOQ下的年库存总成本TC*	3000	
20			
21			

图5-35　经济订货批量计算结果

4.用模拟运算表分析各成本变化

若要分析订购批量在200~1500范围内变化时各成本的变化，则需要在Excel工作表中建立如图5-36所示的表格。在E2单元格中输入公式"=B8"，在F2单元格中输入公式"=B9"，在G2单元格中输入公式"=B10"，在H2单元格中输入公式"=B12"，这里需要调用上面计算的结果（不能直接输入数值），如图5-37所示。

在订货量下方输入步长为100时各订货量的数值，并借助模拟运算表进行分析。

	A	B	C	D	E	F	G	H
1	经济订货批量				订购批量Q	年订货成本SC	年储存成本KC	年库存总成本TC
2	年需求量D	1000	1000					
3	单次订货成本S	200						
4	单位年储存成本K	10						
5	单位货品价格P	1						
6								
7								
8	订购批量Q	100	100					
9	年订货成本SC	2000						
10	年储存成本KC	500						
11	年进货成本PC	1000						
12	年库存总成本TC	3500						
13								
14								
15	经济订货批量Q*	200						
16	EOQ下的年订货成本SC*	1000						
17	EOQ下的年储存成本KC*	1000						
18	EOQ下的年进货成本PC*	1000						
19	EOQ下的年库存总成本TC*	3000						
20								
21								

图5-36 模拟运算表表头设置

	A	B	C	D	E	F	G	H
1	经济订货批量				订购批量Q	年订货成本SC	年储存成本KC	年库存总成本TC
2	年需求量D	1000	1000		100	2000	500	3500
3	单次订货成本S	200						
4	单位年储存成本K	10						
5	单位货品价格P	1						
6								
7								
8	订购批量Q	100	100					
9	年订货成本SC	2000						
10	年储存成本KC	500						
11	年进货成本PC	1000						
12	年库存总成本TC	3500						
13								
14								
15	经济订货批量Q*	200						
16	EOQ下的年订货成本SC*	1000						
17	EOQ下的年储存成本KC*	1000						
18	EOQ下的年进货成本PC*	1000						
19	EOQ下的年库存总成本TC*	3000						
20								
21								

图5-37 模拟运算表表格设置

选中要模拟分析的数据，即E2：H6单元格区域（不包含表头文字），但所选数据一定要包含之前调用的公式行（即E2:H2单元格区域），如图5-38所示。打开"数据"

选项卡，点击【数据工具】组模拟分析按钮的下拉箭头，选择"模拟运算表"，会弹出如图 5-39 所示的"模拟运算表"对话框。忽略"输入引用行的单元格"，设置"输入引用列的单元格"为"B8"（注意不能设置为"E2"，因为 E2 单元格的值是随着 B8 单元格的值变化的），"输入引用列的单元格"设置如图 5-40 所示。点击"确定"即可得到结果，如图 5-41 所示。

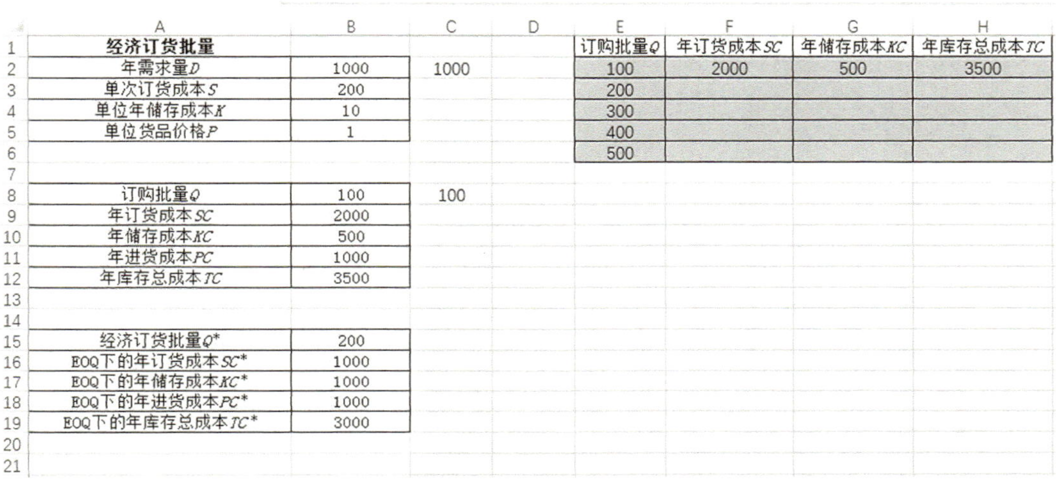

图 5-38　模拟分析数据区域

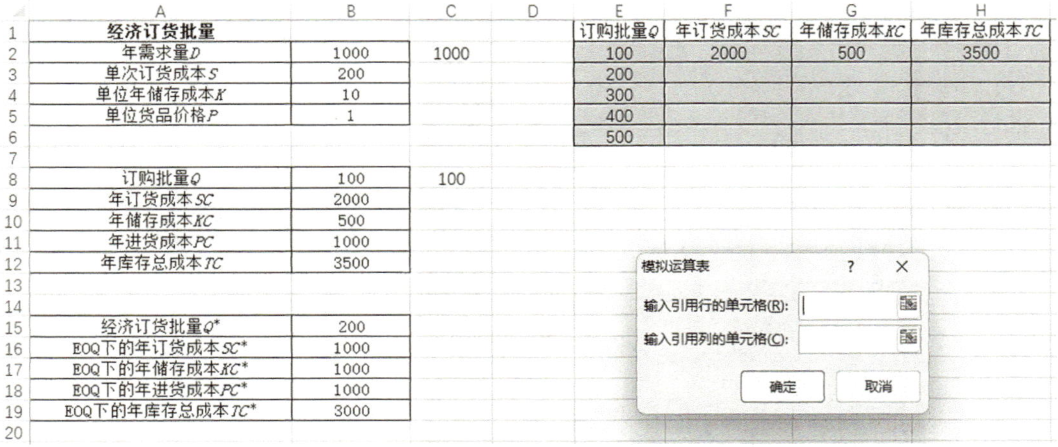

图 5-39　"模拟运算表"对话框

在 H17 单元格中输入公式"=MIN（H2:H6)"，求出年库存总成本的最小值为 3000，此时订购批量为 200，如图 5-42 所示。这和我们之前通过公式计算得到的经济订货批量相吻合，所以通过模拟运算表也可以分析出经济订货批量的值。

	A	B	C	D	E	F	G	H
1	经济订货批量				订购批量Q	年订货成本SC	年储存成本KC	年库存总成本TC
2	年需求量D	1000	1000		100	2000	500	3500
3	单次订货成本S	200			200			
4	单位年储存成本K	10			300			
5	单位货品价格P	1			400			
6					500			
7								
8	订购批量Q	100	100					
9	年订货成本SC	2000						
10	年储存成本KC	500						
11	年进货成本PC	1000						
12	年库存总成本TC	3500						
13								
14								
15	经济订货批量Q*	200						
16	EOQ下的年订货成本SC*	1000						
17	EOQ下的年储存成本KC*	1000						
18	EOQ下的年进货成本PC*	1000						
19	EOQ下的年库存总成本TC*	3000						
20								
21								

模拟运算表 - 输入引用列的... ? ×
$B$8

图5-40　"输入引用列的单元格"设置

	A	B	C	D	E	F	G	H
1	经济订货批量				订购批量Q	年订货成本SC	年储存成本KC	年库存总成本TC
2	年需求量D	1000	1000		100	2000	500	3500
3	单次订货成本S	200			200	1000	1000	3000
4	单位年储存成本K	10			300	666.6666667	1500	3166.666667
5	单位货品价格P	1			400	500	2000	3500
6					500	400	2500	3900
7								
8	订购批量Q	100	100					
9	年订货成本SC	2000						
10	年储存成本KC	500						
11	年进货成本PC	1000						
12	年库存总成本TC	3500						
13								
14								
15	经济订货批量Q*	200						
16	EOQ下的年订货成本SC*	1000						
17	EOQ下的年储存成本KC*	1000						
18	EOQ下的年进货成本PC*	1000						
19	EOQ下的年库存总成本TC*	3000						
20								
21								

图5-41　模拟运算表分析的结果

	A	B	C	D	E	F	G	H
1	经济订货批量				订购批量Q	年订货成本SC	年储存成本KC	年库存总成本TC
2	年需求量D	1000	1000		100	2000	500	3500
3	单次订货成本S	200			200	1000	1000	3000
4	单位年储存成本K	10			300	666.6666667	1500	3166.666667
5	单位货品价格P	1			400	500	2000	3500
6					500	400	2500	3900
7								
8	订购批量Q	100	100					
9	年订货成本SC	2000						
10	年储存成本KC	500						
11	年进货成本PC	1000						
12	年库存总成本TC	3500						
13								
14								
15	经济订货批量Q*	200						
16	EOQ下的年订货成本SC*	1000						
17	EOQ下的年储存成本KC*	1000						3000
18	EOQ下的年进货成本PC*	1000						
19	EOQ下的年库存总成本TC*	3000						
20								
21								

图5-42　年库存总成本最小值

5.制作订购批量与成本关系的散点图

借助模拟运算表分析得到的数据不够直观，可以将研究型数据表格转化为更形象、直观的图表，这里我们选用散点图进行展示。

首先选中刚刚得到的数据表格，如图5-43所示。

	A	B	C	D	E	F	G	H
1	经济订货批量				订购批量Q	年订货成本SC	年储存成本KC	年库存总成本TC
2	年需求量D	1000	1000		100	2000	500	3500
3	单次订货成本S	200			200	1000	1000	3000
4	单位年储存成本K	10			300	666.6666667	1500	3166.666667
5	单位货品价格P	1			400	500	2000	3500
6					500	400	2500	3900
7								
8	订购批量Q	100	100					
9	年订货成本SC	2000						
10	年储存成本KC	500						
11	年进货成本PC	1000						
12	年库存总成本TC	3500						
13								
14								
15	经济订货批量Q*	200						
16	EOQ下的年订货成本SC*	1000						
17	EOQ下的年储存成本KC*	1000						3000
18	EOQ下的年进货成本PC*	1000						
19	EOQ下的年库存总成本TC*	3000						
20								
21								

图5-43 散点图选择范围

打开"插入"选项卡，点击【图表】组"插入散点图或气泡图"按钮的下拉箭头，选择"带直线和数据标记的散点图"，将图表标题改为"订购批量与成本关系的散点图"，如图5-44所示。

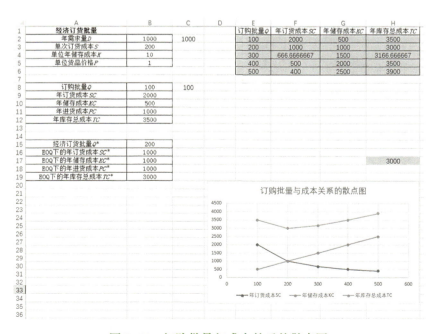

图5-44 订购批量与成本关系的散点图

从图中我们可以直观看出，随着订购批量的增加，年库存总成本呈现出先减小后增加的变化趋势。订购批量的值为200时，年库存总成本的值降至最低（3000）。

🌐 拓展提升

青岛市万方物流有限公司的B货品年需求量为24000件，单次订货成本为800元，单位年储存成本为20元，单位货品价格为2元，请用模拟运算表分析并计算出该货品的经济订货批量及年库存总成本的最小值，绘制出当订购批量在300~1200范围内以100步长变化时，年库存总成本随订购批量变化的带有直线和数据标记的散点图。

◎ 任务评价

任务名称			姓名			
考核内容	评价标准		参考分值	考核得分		
				自我评价	小组评价	教师评价
职业素养	认真严谨的学习态度		10			
	良好的专业行为规范		10			
知识素养	理解EOQ模型的基本原理		20			
	掌握EOQ模型建模的方法和基本假设		20			
技能素养	用Excel工作表计算出经济订货批量、年订货成本、年储存成本及年库存总成本		20			
	绘制年订货成本、年储存成本、年库存总成本随订货量变化而变化的图表		20			
小计			100			
合计（自我评价×30%+小组评价×30%+教师评价×40%）						

项目六 运输规划数据分析与处理

任务一　公路运输业务单证设计及填制

 知识目标

1.熟悉 Excel 表格设计技巧。
2.掌握公路货物运单的填制规范。

 能力目标

能够根据资料正确缮制公路货物运单。

 **情感目标**

1.培养认真严谨的工作态度。
2.培养数据获取和处理能力。

 工作任务

　　青岛市万方物流有限公司拥有完善的物流服务网络，依托先进的物流服务平台，可以为国内各个城市提供运输一体化解决方案。2023年11月1日，公司接到一笔业务订单，具体货物信息如表6-1所示。请设计公路货物运单，并进行填制。

表6-1　　　　　　　　　　　青岛圣元有限责任公司传真

致青岛市万方物流有限公司，我公司有一批吹风机和玩具车须从青岛市发往济宁市					
序号	商品名称	数量	单位	每箱重量（kg）	每箱体积（m³）	要求到货日期
1	丽人牌电吹风	50	纸箱	50	0.045	2023–11–8 13时前
收货单位	济宁市贵和商场					
收货地址	济宁市建设路1098号					
联系人	张毅（经理）					

电话	021-5451XX71

急需发运！收到请回复！
青岛圣元有限责任公司 金兴杰
0532-6208XX
青岛市海城路1145号 邮编：266002

 任务准备

1.认识公路货物运单

公路货物运单是公路货物运输及运输代理的合同凭证，是运输经营者接受货物并在运输期间负责保管和据以交付的凭证，也是记录车辆运行和进行行业统计的原始凭证，它明确规定了货物承运期间双方的权利、责任。其主要作用体现在以下几个方面。

（1）公路货物运单是公路运输部门开具货票的凭证。

（2）公路货物运单是调度部门车辆、货物装卸和货物到达交付的依据。

（3）在运输期间发生运输延滞、空驶情况和运输事故时，公路货物运单是判断双方责任的原始记录。

（4）公路货物运单附有货物收据、交付凭证。

2.公路运费计算

公路运费的计算步骤如图6-1所示。

图6-1　公路运费的计算步骤

零担运输运费计算公式：

零担运输运费＝零担货物运价 × 计费重量 × 计费里程＋其他费用

整车运输运费计算公式：

整车运输运费＝计费重量 × 吨次费＋货物运价 × 计费重量 × 计费里程＋其他费用

3.NUMBERSTRING 函数

作用：实现小写数字到中文大写数字的转化，而且有三个参数可以选择，以展现三种不同的大写方式。

格式：=NUMBERSTRING（数值，格式）。

注意：此函数仅支持正整数，不支持有小数的数字。

试一试

在单元格中分别输入下列公式，会返回什么结果？

=NUMBERSTRING(1234567890，1)

=NUMBERSTRING(1234567890，2)

=NUMBERSTRING(1234567890，3)

任务实施

1.制作公路货物运单

将Sheet1工作表改名为“公路货物运单”，制作如图6-2所示的表格。

	A	B	C	D	E	F	G	H	I	J	K	L	M	N	O	P
1	运单号码															
2	托运人姓名			电话			收货人姓名					电话				
3	单位						单位									
4	托运人详细地址						收货人详细地址									
5	托运人账号			邮编			收货人账号						邮编			
6	取货地联系人姓名		单位				送货地联系人姓名						单位			
7	电话			邮编			电话						邮编			
8	取货地详细地址						送货地详细地址									
9	始发站			目的站			起运日期	年　月　日　时				要求到货日期	年　月　日　时			
10	运距		公里	全行程		公里	是否取送					是否要去回执				
11	路由						取货		送货			运单		客户单据		
12	货物名称	包装方式	件数	计费重量（kg）	体积（m^3）		取货人签字									
13							取货时间	年　月　日　时								
14							托运人或代理人签字或盖章：									
15							实际发货件数									
16							发货时间			年　月　日　时						
17							收货人或代理人签字或盖章：									
18	合计						实际发货件数									
19	收费项	运费	取/送货费		杂费	费用小计	收货时间	年　月　日　时								
20	费用金额（元）						送货人签字：									
21	客户投保声明	不投保		投保			送货时间	年　月　日　时								
22		投保金额		元	保险费		元	备注								
23	运杂费合计（大写）											运杂费合计（小写）：　元				
24							结算方式									
25	现结			月结		预付款		元	到付				付款账号			
26	制单人					受理日期	年　月　日　时							受理单位		

图6-2　公路货物运单

2.运输费用计算

订单采取公路运输，路径为青岛市至济宁市，假设运距为280公里（km），青岛市至济宁市的运费率为0.0003元/kg·km，货物计费重量为2500kg。根据计算公式，运费=0.0003×280×2500=210（元），将数值填入对应单元格。

货物价值为40000元，投保费率为0.23%，保险费=40000×0.0023=92（元），将数值填入对应单元格。

杂费为30元，取/送货费为100元，则运杂费合计为432（30+100+92+210）元，将数值填入对应单元格。输入公式“=NUMBERSTRING(432,2)”，可得运杂费合计的大写金额：肆佰叁拾贰圆整。

3.填制公路货物运单

填制完成的公路货物运单如图6-3所示。

运单号码						YD2014010501									
托运人姓名	金兴杰		电话	0532-6208**		收货人姓名		张毅		电话		021-5451**71			
单位		青岛圣元有限责任公司				单位						济宁市贵和商场			
托运人详细地址		青岛市海城路1145号				收货人详细地址						济宁市建设路1098号			
托运人账号	670000002771238			邮编	266002	收货人账号		870000008553667				邮编		200650	
取货地联系人姓名	金兴杰		单位	青岛圣元有限责任公司		送货地联系人姓名		张毅				单位		济宁市贵和商场	
电话	0532-6208**		邮编	266002		电话		021-5451**71				邮编		200650	
取货地详细地址		青岛市海城路1145号				送货地详细地址						济宁市建设路1098号			
始发站		青岛市		终点站	济宁市	起运日期		2023年11月2日13时		要求到货日期		2023年11月8日13时			
运距		280km		全行程	280km	是否配送				是		是否要回执			
路径			青岛市-济宁市			取货		送货	是	运单		客户回执	客户留存		
货物名称	包装方式		件数	计费重量（kg）	体积（m³）	取货签字						孙夏			
富士牌电吹风	纸箱		50	2500	2.25	取货时间						2023年11月2日10时			
						托运人或代理人签字或盖章						金兴杰			
						实际取货件数						50箱			
						发货时间						2023年11月2日13时			
						收货人或代理人签字或盖章						孔润			
合计			50	2500	2.25	实际发货件数						50箱			
收费项	运费		取/送货费		杂费	小计						2023年11月8日13时			
费用金额（元）	210		100		30	340		送货人签字				李小云			
客户投保声明	不投保			投保		是		送货时间				2023年11月8日11时			
		保险费				92元		备注							
运杂费合计（大写）			肆佰叁拾贰圆整			运杂费合计（小写）						432元			
						结算方式									
现结	是		月结		预付款			到付				付款账号	670000002771238		
制单人	王珂		受理日期		2023年11月2日11时							受理单位	青岛荣发物流有限公司		

图6-3　填制完成的公路货物运单

🌐 拓展提升

2023年2月20日，华运物流有限公司接到业务单位永昌贸易有限公司的要求，将一批小麦从武汉市运送至青岛市，小麦约40吨（t），常规包装。起点：武汉市汉南区纱帽街道102号。讫点：青岛市市北区镇江北路88号。华运物流有限公司在经济效益优先的情况下综合考虑不同的运输方式。运输费率表如表6-2所示。

表6-2　　　　　　　　运输费率表　　　　　　　　单位：元/t

运输方式 \ 节点	武汉市—安庆市	安庆市—南京市	南京市—青岛市
公路运输	150	110	130
水路运输	50	40	60
铁路运输	70	—	50

运输费用是指运输过程中的一切费用。提货点至武汉码头的短驳费用为14元/t，提货点至武汉火车站的短驳费用为13元/t；青岛火车站至收货点的短驳费用为15元/t，青岛码头至收货点的短驳费用为16元/t；南京火车站至南京码头的短驳费用为17元/t；安庆车站至安庆码头的短驳费用为17元/t。

请按照现有条件为华运物流有限公司选择最佳的运输方式。

任务评价

任务名称			姓名			
考核内容	评价标准	参考分值	考核得分			
			自我评价	小组评价	教师评价	
职业素养	认真严谨的学习态度	10				
	良好的专业行为规范	10				
知识素养	掌握表格设计技巧	10				
	掌握各种单据设计的原则	10				
	了解表格的排版	5				
	掌握公路运费的计算方法	15				
技能素养	规范填制公路货物运单	20				
	能选择合适的运输方式	20				
小计		100				
合计（自我评价×30%+小组评价×30%+教师评价×40%）						

任务二　铁路运输业务单证设计及填制

知识目标

1.掌握铁路货物订单的作用。
2.掌握铁路货物运费的计算。

能力目标

能够根据资料正确缮制铁路货物运单。

情感目标

1.培养认真严谨的工作态度。
2.培养数据获取和处理能力。

工作任务

青岛市万方物流有限公司拥有完善的物流服务网络，依托先进的物流服务平台，可以为国内各个城市提供运输一体化解决方案。2023年11月2日，公司接到一笔业务订单，具体货物信息如表6-3所示。请为这笔货物填制铁路货物运单。

表6-3　　　　　　　　　　青岛恒信有限责任公司传真

致青岛市万方物流有限公司，我公司有一批玩具车须从青岛市发往广州市							
序号	商品名称	数量	单位	每箱重量（kg）	每箱体积（m³）	目的地	要求到货日期
1	玩具车	500	纸箱	60	0.076	广州市	2023-11-17 13时前
收货单位	广州天元有限责任公司						
收货地址	广州市珠江路天门街3708号						

联系人	王康（经理）
电话	021–5451XX71

急需发运！收到请回复！
青岛恒信有限责任公司 李兴业
0532–6370XX
青岛市崂山路1821号 邮编：267002

 任务准备

1.认识铁路货物运单

铁路货物运单是托运人和承运人为运输货物签订的一种运输合同，铁路货物运单是由铁路运输承运人签发的货运单据，是收、发货人之间的运输契约。其主要作用体现在以下几个方面。

（1）确认运输过程中各方的权利、义务与责任。

（2）铁路货物运单是运货的申请书。

（3）铁路货物运单是承运人承运货物、核收运费、牵制货票、编制记录的依据。

2.铁路运费计算

铁路运费由发到基价和运行基价两部分组成，铁路运费计算程序如图6–4所示。

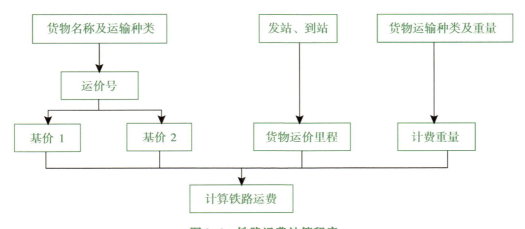

图6-4 铁路运费计算程序

（1）确认货物运价号。在计算铁路运费时，必须根据铁路货物运单上填写的正确货物名称查找正确的运价号。

查一查

登录中国铁路95306官网，查找铁路运输品名，确定货物的运价号。具体步骤：登录中国铁路95306官网，点击信息查询–铁路运输品名查询，在品名处输入货物名称，即可得到对应的运价号。

（2）确定货物运价率。现行货物运价率由货物的基价1和基价2两部分构成，基价1是与运输里程无关的作业费用，这部分费用是固定的，基价2是车辆运行途中的运行作业费用，与运输里程成正比。铁路货物运价率示例表如表6-4所示。

表6-4　　　　　　　　　　　铁路货物运价率示例表

	A	B	C	D	E	F
1	办理类型	运价号	基价1		基价2	
2			标准	单位	标准	单位
3	整车货物	2	9.50	元/t	0.086	元/t·km
4	整车货物	3	12.80	元/t	0.091	元/t·km
5	整车货物	4	16.30	元/t	0.098	元/t·km
6	整车货物	5	18.60	元/t	0.103	元/t·km
7	整车货物	6	26.00	元/t	0.138	元/t·km
8	零担货物	21	0.22	元/10kg	0.00111	元/10kg·km
9	零担货物	22	0.28	元/10kg	0.00155	元/10kg·km

（3）确定运价里程。运价里程根据铁路货物运价里程表，按照发站至到站铁路正式营业线最短路径计算。

（4）确定计费重量。整车货物以吨为单位，1t以下四舍五入；零担货物以10kg为基本单位，不足10kg的以10kg计；集装箱货物以箱为单位。

（5）铁路运费的计算。

整车货物运费＝运价率×计费重量＝（基价1+基价2×运价里程）×计费重量

零担货物运费＝（基价1+基价2×运价里程）×计费重量/10

（6）其他费用的核算。

除了基本运费外，铁路运输往往还会涉及装卸费、接取送达费、印花税等。

查一查

我们可以登录中国铁路95306官网，直接进行铁路运费查询。具体步骤：登录中国铁路95306官网，点击信息查询-货物运费查询，输入发局、发站、到局、到站、货物名称，即可得到货物运费，如图6-5所示。

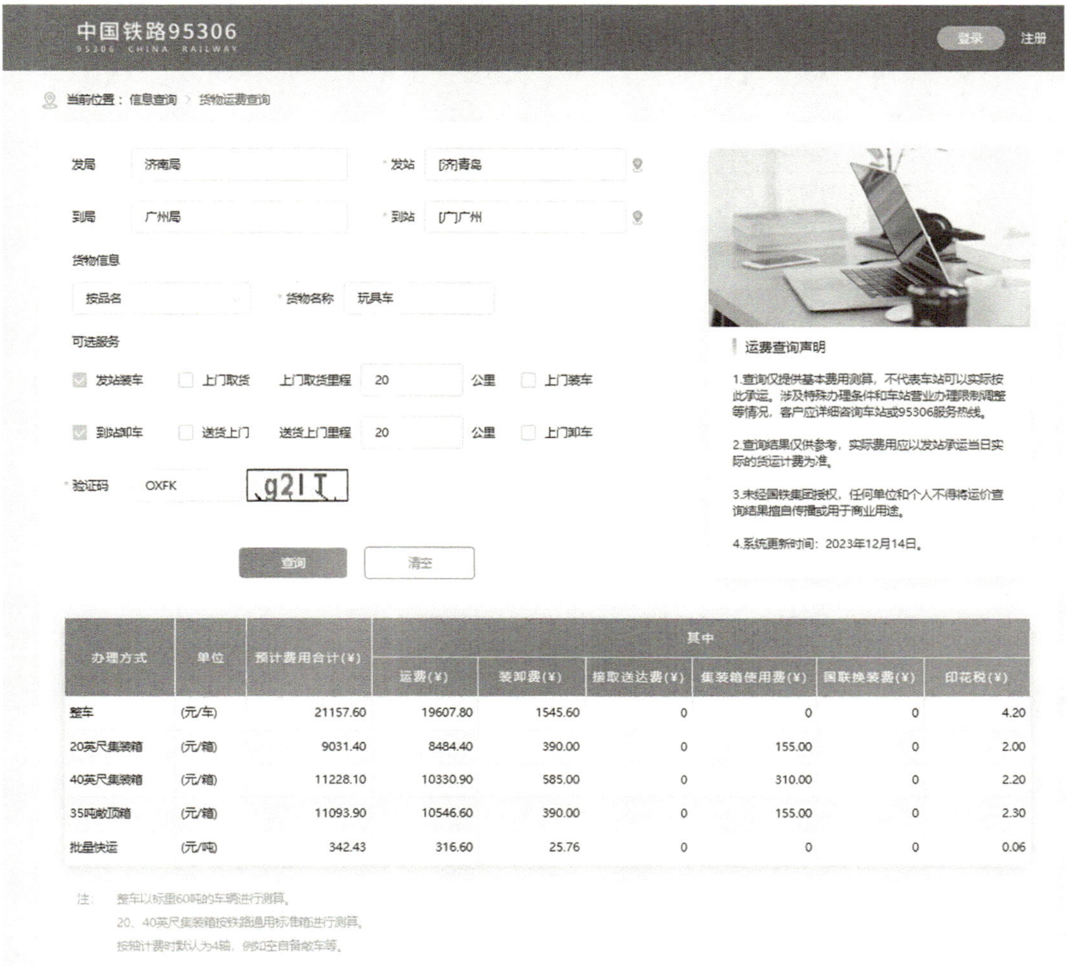

办理方式	单位	预计费用合计(¥)	其中					
			运费(¥)	装卸费(¥)	接取送达费(¥)	集装箱使用费(¥)	国联换装费(¥)	印花税(¥)
整车	(元/车)	21157.60	19607.80	1545.60	0	0	0	4.20
20英尺集装箱	(元/箱)	9031.40	8484.40	390.00	0	155.00	0	2.00
40英尺集装箱	(元/箱)	11228.10	10330.90	585.00	0	310.00	0	2.20
35吨敞顶箱	(元/箱)	11093.90	10546.60	390.00	0	155.00	0	2.30
批量快运	(元/吨)	342.43	316.60	25.76	0	0	0	0.06

注：整车以标重60吨的车辆进行测算。
20、40英尺集装箱按铁路通用标准箱进行测算。
按轴计费时默认为4轴，例如空自备敞车等。

图6-5　铁路货物运费查询

任务实施

1. 计算铁路运费

订单采取铁路运输，这批货物的标重为60t，假设青岛市到广州市的运价里程为2992.2km，货物（玩具车）的运价号是5，基价1为18.6元/t，基价2为0.103元/(t·km)。根据重量判断，此次货物为整车运输。因为标重为60t，所以计费重量为60t。根据上述计算公式，整车货物运费＝(18.6+0.103×2992.2)×60≈19607.8(元)。

2. 缮制铁路货物运单

在Sheet1工作表中，填制如图6-6所示的铁路货物运单。

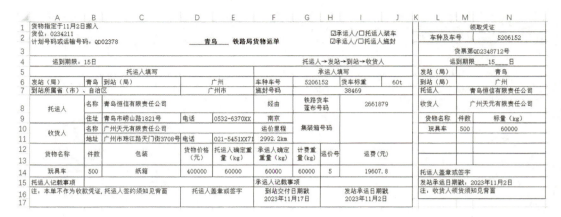

图6-6　铁路货物运单

拓展提升

　　德邦物流股份有限公司接到一批原煤，需要从山西省运往上海市，经过计算本次运输共需要两个40英尺集装箱，具体货物信息如表6-5所示。请为这批货物填制铁路货物运单。

表6-5　　　　　　　　　　山西好运有限责任公司传真

致德邦物流股份有限公司，我公司有一批原煤须从大同市发往上海市

序号	商品名称	数量	单位	每箱重量（t）	每箱体积（m³）	目的地	要求到货日期
1	原煤	2	集装箱	20	54	上海市	2023-11-17 13时前
收货单位	上海福昊有限责任公司						
收货地址	上海市南京东路3708号						
联系人	张豪程（经理）						
电话	021-5451XX71						

急需发运！收到请回复！
山西好运有限责任公司　代晓峰
0352-6670XX
大同市珠江路666号　邮编：666666

🔵 任务评价

任务名称			姓名			
考核内容	评价标准	参考分值	考核得分			
			自我评价	小组评价	教师评价	
职业素养	认真严谨的学习态度	10				
	良好的专业行为规范	10				
知识素养	掌握表格设计技巧	10				
	掌握各种单据设计的原则	10				
	了解表格的排版	5				
	掌握铁路运费的计算方法	10				
	掌握判断铁路货物运输种类的方法	5				
技能素养	能表述铁路运输的流程	10				
	规范填制铁路货物运单	30				
小计		100				
合计（自我评价×30%+小组评价×30%+教师评价×40%）						

任务三　图上作业法解决运输调运问题

知识目标

1.掌握Excel表格操作技巧。
2.掌握图上作业法的计算步骤。

能力目标

能够运用图上作业法制定最恰当的调运方案。

情感目标

1.养成认真严谨的学习态度。
2.提升灵活使用工具分析和解决问题的能力。

工作任务

2023年4月2日，青岛市万方物流有限公司在E市、F市、G市、J市四个城市物流中心可调运的洗发水分别为90箱、60箱、80箱、70箱。同时，A市、B市、I市、K市、W市五个城市物流中心需要的洗发水分别为30箱、80箱、80箱、70箱和40箱，用于后期的城市内配送。

M省内各城市间货运点的距离如图6-7所示，单位为km。青岛市万方物流有限公司在M省内各城市间现有交通路线如图6-8所示。

请根据上述运输订单需求，运用图上作业法完成运输组织的优化。画出运输流向线路图，完善相应数据。

任务准备

1.认识图上作业法
图上作业法是在运输图上利用线性规划解决运输问题的方法。在一张运输图上通过

A市												
180	B市											
330	490	C市										
120	60	430	D市									
210	50	510	90	E市								
240	110	480	120	120	F市							
70	140	350	80	170	170	G市						
190	290	200	250	320	290	200	H市					
100	170	330	110	200	170	40	190	I市				
150	130	380	90	160	120	80	180	70	J市			
260	220	310	200	250	190	200	120	160	120	K市		
320	420	200	370	450	360	310	130	280	310	190	L市	
250	400	120	340	430	390	260	110	240	280	340	140	W市

图6-7　各城市间货运点的距离

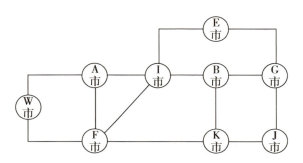

图6-8　M省内各城市间现有交通路线

一定步骤的规划和计算来完成物资调运计划的编制工作，以便使物资运行的总吨公里数最小，使物资运费降低，缩短运输时间，在一定条件下称这样的方案为最优方案。

2.认识交通图与流向图

在交通图上，用"○"表示生产地或供应地，发出货物量记在"○"内（单位：吨）；用"□"表示销售地或需求地，收取货物量记在"□"内（单位：吨）。

读一读

下面的交通图（见图6-9）有什么含义？

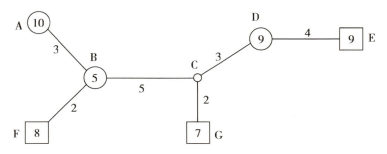

图6-9　交通图

商品运输的方向用"→"表示，称为流向，标出前进方向；流量写在"→"的旁边，加小括号。标明了流向、流量的交通图称为流向图。

读一读

下面的流向图（见图6-10）有什么含义？

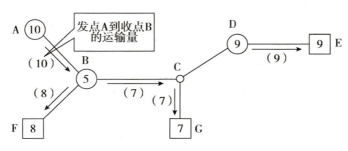

图6-10　流向图

3.图上作业法的计算步骤

（1）在交通图中，标出生产地和销售地的货物量。

（2）破圈法编制初始方案。打破每一回路距离最长的一段，并在交通图上，从破开的线段端点开始，依照右手原则，用符号"→"标出物资流向；符号"→"始终在以输出地为起点、以输入地为终点的交通路线的右边，以括号加数字的形式将运输量标注在符号"→"旁边。箭头标在圈外称为外圈长，箭头标在圈内称为内圈长。内圈流向如图6-11所示，外圈流向如图6-12所示。

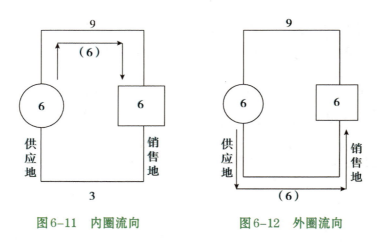

图6-11　内圈流向　　　　　图6-12　外圈流向

（3）检验：每一回路的内外圈长如果均不大于该回路的半圈长，该方案为最优；否则进行调整。

（4）调整并找出有问题圈中的最小运量边，该圈各边减去此最小运量，该回路剩余各边加上此最小运量。

（5）重复步骤（2）～（3），直到每一回路都达到最优，该调运方案即为最优。

记一记

流向划右方，对流不应当；

里圈外圈分别算，要求不能过半圈长；

如果超过半圈长，应去运量最小段；

反复运算可得最优方案。

任务实施

1.标出生产地和销售地的具体数量

将交通路线图粘贴至表格，根据工作任务要求，分别用"○""□"标出生产地和销售地，在旁边标上具体数量，如图6-13所示。

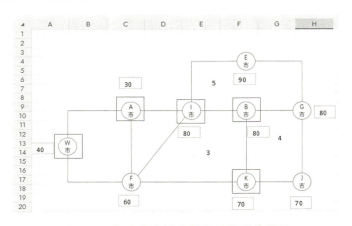

图6-13　标出生产地和销售地的具体数量

2.破圈法编制初始方案

整个交通路线图分为5个圈，打破每一回路中距离最长的一段，并在交通路线图上，从破开的线段端点开始，依照右手原则，用符号"→"标出物资流向；符号"→"始终在以输出地为起点、以输入地为终点的交通路线的右边，以括号加数字的形式将运输量标注在符号"→"旁边，如图6-14所示。

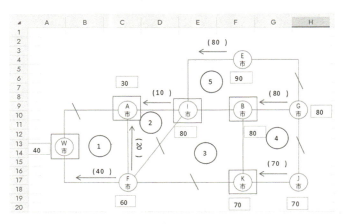

图6-14　破圈法编制初始方案

3.检验

分别计算5个回路的总圈长、半圈长、内圈长、外圈长。判断每一回路的内外圈长，如果均不大于该回路的半圈长，该方案则最优。检验过程如图6-15所示。

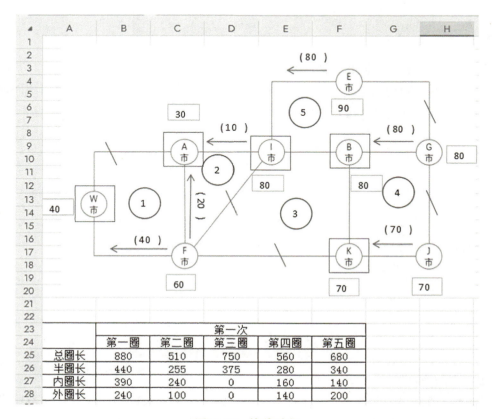

图6-15　检验过程

	第一次				
	第一圈	第二圈	第三圈	第四圈	第五圈
总圈长	880	510	750	560	680
半圈长	440	255	375	280	340
内圈长	390	240	0	160	140
外圈长	240	100	0	140	200

4.最优调运方案

经判断，5个回路的内、外圈长均小于总圈长的一半，所以该调运方案最优，如表6-6所示。

表6-6　　　　　　　　　　　　最优调运方案

序号	生产地至销售地	调运量
1	F—A	20
2	I—A	10
3	F—W	40
4	E—I	80
5	G—B	80
6	J—K	70

拓展提升

　　某物流中心共有S1、S2、S3、S4、S5、S6、S7 七个配送站，分别向 D1、D2、D3、D4、D5、D6、D7 七个客户送货。各配送站的调运量（椭圆框内数字）、各客户的需求量（矩形框内数字）以及位置和相互距离如图6-16所示。其中调运量和需求量的单位为吨，距离的单位为公里，请利用图上作业法确定调运方案。

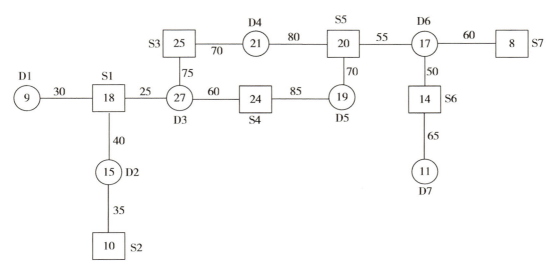

图6-16　交通路线

任务评价

任务名称		姓名			
考核内容	评价标准	参考分值	考核得分		
			自我评价	小组评价	教师评价
职业素养	认真严谨的学习态度	10			
	良好的专业行为规范	10			
知识素养	掌握表格计算技巧	20			
	掌握图上作业法的计算步骤	20			
技能素养	掌握使用 Excel 表格执行图上作业法	20			
	高效使用图上作业法确定调运方案	20			
小计		100			
合计（自我评价 ×30%+小组评价 ×30%+教师评价 ×40%）					

任务四　表上作业法解决运输调运问题

 知识目标

1. 熟悉 Excel 表格操作技巧。
2. 掌握表上作业法的计算步骤。

 能力目标

能够运用表上作业法制定最恰当的调运方案。

 情感目标

1. 养成认真严谨的学习态度。
2. 提升灵活使用工具分析和解决问题的能力。

 工作任务

2023 年 4 月 3 日，青岛市万方物流有限公司从 A 市、B 市、C 市、D 市物流中心向 E 市、F 市、G 市配送中心调运某物资的运价、供应量、需求量如表 6-7、表 6-8 和表 6-9 所示。请运用表上作业法完成运输组织的优化，提出总运输费用最少的调运方案。

表6-7　　　　　　　　　　　　　　　运价　　　　　　　　　　　　单位：元/t

产地	销地			
	A	B	C	D
E	3	11	3	10
F	1	9	2	8
G	7	4	10	5

表6-8	供应量	单位：t
产地	供应量	
E	700	
F	400	
G	900	
总计	2000	

表6-9	需求量	单位：t
销地	需求量	
A	300	
B	600	
C	500	
D	600	
总计	2000	

 **任务准备**

1. 认识表上作业法

表上作业法是运用列表求解线性规划问题中运输模型的计算方法。当某些线性规划问题采用图上作业法难以进行直观求解时，就可以将各元素列成表格，作为初始方案，然后采用检验数来验证这个方案，否则就要采用闭回路法、位势法等方法进行调整，直至得到满意的结果。

2. 表上作业法的基本步骤

表上作业法的基本步骤如图6-17所示。

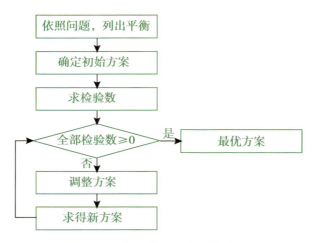

图6-17　表上作业法的基本步骤

 任务实施

1.制作产销平衡表

打开 Excel 工作表，制作产销平衡表，如图 6-18 所示。

产销平衡表					单位：t
产地	销地				产量
	A	B	C	D	
E					700
F					400
G					900
销量	300	600	500	600	2000

图 6-18　产销平衡表

2.确定初始方案——最小元素法

最小元素法是按运价表依次挑选运价小的供需点，尽量优先安排供应的调运方法。运价表中，最小运价为 1 元/t，先将 F 市配送中心的物资调运给 A 市物流中心，F 市配送中心的物资剩余 100t，在 B5 单元格中填入"300"，并将运价表中的"A"划掉，销地 A 已得到所需要的物资，不需要继续调运。同理，2 元/t 的运价涉及产地 F 和销地 C，然而 F 市配送中心已调运 300t 物资给 A 市物流中心，只能给 C 市物流中心调运剩余的 100t 物资，因此在 D5 单元格中填入"100"，并将运价表中的"F"划掉。运用最小元素法在运价表上继续求解，直至所有英文字母都被划掉，这样就能从产销平衡表中得到一个初始方案，如图 6-19 所示。在 C9 单元格中输入公式"=SUMPRODUCT(B4:E6,B14:E16)"，求得初始方案运输费用为 8600 元。

产销平衡表					单位：t
产地	销地				产量
	A	B	C	D	
E			400	300	700
F	300		100		400
G		600		300	900
销量	300	600	500	600	2000
初始方案运输费用		8600	元		
运价表					单位：元/t
产地	销地				
	A	B	C	D	
E	3	11	3	10	
F	1	9	2	8	
G	7	4	10	5	

图 6-19　确定初始方案

3.对初始方案进行检验——位势法

采用最小元素法得到的初始方案是否为运输费用最省的方案，还需要进行判断。判断的方法就是求出各个空格对应的检验数（使用位势法求检验数）。

（1）求位势量。

在运价表中将初始方案填有运量的方格所对应的运价填好，如表6-10所示。

表6-10　　　　　　　　　　　　　运价表　　　　　　　　　　单元：元/t

产地	销地			
	A	B	C	D
E			3	10
F	1		2	
G		4		5

将初始方案填有运量的方格所对应的运价 C_{ij} 分解为两个部分：

$C_{ij}=U_i+V_j$, $i=1,2,3$, $j=1,2,3,4$

其中 U_i 和 V_j 分别为该方格对应于行和列的位势量，列出所有方程：

$$\begin{cases} C_{21}=U_2+V_1=1 \\ C_{32}=U_3+V_2=4 \\ C_{13}=U_1+V_3=3 \\ C_{23}=U_2+V_3=2 \\ C_{14}=U_1+V_4=10 \\ C_{34}=U_3+V_4=5 \end{cases}$$

假定其中一个未知量为0(任意)，假定 $V_1=0$，则可以根据方程解出全部未知量，如表6-11所示。

表6-11　　　　　　　　　　　　　位势量表

产地	销地				U_i
	A	B	C	D	
E			3	10	$U_1=2$
F	1		2		$U_2=1$
G		4		5	$U_3=-3$
V_j	$V_1=0$	$V_2=7$	$V_3=1$	$V_4=8$	

（2）求准检验数。

求各空格的位势量（$[U_i+V_j]$），准检验数表如表6-12所示。

表6-12   准检验数表

产地	销地				U_i
	A	B	C	D	
E	[2]	[9]	3	10	$U_1=2$
F	1	[8]	2	[9]	$U_2=1$
G	[-3]	4	[-2]	5	$U_3=-3$
V_j	$V_1=0$	$V_2=7$	$V_3=1$	$V_4=8$	

准检验数计算过程：

（1，1）$=U_1+V_1=2+0=2$

（3，1）$=U_3+V_1=-3+0=-3$

（1，2）$=U_1+V_2=2+7=9$

（2，2）$=U_2+V_2=1+7=8$

（3，3）$=U_3+V_3=-3+1=-2$

（2，4）$=U_2+V_4=1+8=9$

（3）求检验数。

利用运价与准检验数表求检验数，将表6-7中的数值减去表6-12中对应方格的数值，求得检验数，如表6-13所示。

表6-13   检验数表

产地	销地			
	A	B	C	D
E	1	2		
F		1		-1
G	10		12	

检验数出现负值，根据表上作业法的基本步骤，该方案不是最优方案。

4.对初始方案进行调整

当判定一个初始方案不是最优方案时，就要在检验数出现负值的空格内进行调整。如果检验数是负值的空格不只有一个时，一般选择检验数为负值且绝对值最大的空格作为具体的调整对象。

做出负值所在空格的闭回路，沿闭回路在各奇数次转角点中挑选运量的最小数值作为调整量，同时调整该闭回路中其他转角点上的运量，使各行、列保持原来的供需平衡，如图6-20所示。

	A	B	C	D	E	F
1	调整方案					单位：t
2	产地	销地				产量
3		A	B	C	D	
4	E			400 (+100)	300 (-100)	700
5	F	300		100 (-100)	(+100)	400
6	G		600		300	900
7	销量	300	600	500	600	2000

图6-20　调整闭回路中其他转角点上的运量

新的调整方案如图6-21所示。

	A	B	C	D	E	F
9	新的调整方案					单位：t
10	产地	销地				产量
11		A	B	C	D	
12	E			500	200	700
13	F	300			100	400
14	G		600		300	900
15	销量	300	600	500	600	2000

图6-21　新的调整方案

新的调整方案是否是最优方案，还需要进行验证。新的调整方案的检验数没有负数，所以调整之后的方案为最优方案。

这里需要说明的是，应用闭回路法对初始方案进行调整的过程中，遇到奇数次转角点有两个以上的运量最小数值时，除一个外，其余空格要补上"0"，以保持方案仍有 $m+n-1$ 的调运数，最后得出的最优方案不一定只有一个，而可能求出多个运输费用相同的方案。全面考虑实际情况后，选择其中某一方案。

拓展提升

2023年4月22日，青岛市万方物流有限公司在J市、W市、K市、E市物流中心可调运的洗衣液分别为100箱、70箱、40箱、90箱，A市、I市、B市、H市物流中心所需要的洗衣液分别为60箱、80箱、90箱、50箱。青岛市万方物流有限公司M省内部分城市间洗衣液调运价格如表6-14所示。

表6-14   调运价格

	A市	I市	B市	H市
J市	2	3	6	8
W市	4	1	8	5
K市	3	11	7	6
E市	10	2	3	5

请根据上述运输需求，运用表上作业法组织最恰当的调运方案。

任务评价

任务名称			姓名			
考核内容	评价标准	参考分数	考核得分			
				自我评价	小组评价	教室评价
职业素养	认真严谨的学习态度	10				
	良好的专业行为规范	10				
知识素养	掌握表格计算技巧	20				
	掌握表上作业法的计算步骤	20				
技能素养	掌握使用Excel表格执行表上作业法	20				
	高效使用表上作业法确定调运方案	20				
小计		100				
合计（自我评价×30%+小组评价×30%+教师评价×40%）						

任务五　使用规划求解解决运输调运问题

知识目标

1.了解规划求解、目标函数的定义。
2.掌握数学模型的构建步骤。

能力目标

能够使用规划求解解决运输调运问题。

情感目标

1.养成认真严谨的工作态度。
2.提升灵活使用工具分析和解决问题的能力。

工作任务

青岛市万方物流有限公司在青岛市有三个不同地理位置的配送中心（A1、A2、A3），某产品库存量分别为3000件、2000件、2500件，现在需要将产品从三个配送中心运往五个客户（B1、B2、B3、B4、B5）的所在地，已知这五个客户的需求量分别为1000件、1500件、2000件、1200件、1800件，单位产品运输成本如表6–15所示。请使用Excel的规划求解功能找到使运输成本最小的调运方案。

表6–15　　　　　　　　　　　　　单位产品运输成本　　　　　　　　　　　单位：元/件

配送中心	客户				
	B1	B2	B3	B4	B5
A1	2	3	2	1	3
A2	2	4	1	3	2
A3	4	2	3	2	1

 **任务准备**

1.规划求解

在物流运输过程中，往往会遇到路线选择问题，而路线的选择会受到不同条件的制约，为应对物流行业的降本增效，我们必须在约束条件下寻求最优的运输路线。一般来说，解决线性规划问题有很多种方案可供选择，但最优的方案往往只有一个，一般将成本最低作为规划求解的目标函数。

2.构建数学模型

构建数学模型的步骤：

（1）根据题意，找出问题的决策变量；

（2）根据题意，找出约束条件；

（3）根据变量和约束条件写出目标函数。

假设线性规划数学模型中有 m 个决策变量 x_i（$i=1$，2，$\cdots$，m），有 n 个约束，目标函数的变量系数用 C_i 表示，C_i 称为价值系数，约束条件的变量系数用 a_{ij} 表示，a_{ij} 称为工艺系数，约束条件右侧的常数用 b_j 表示，b_j 称为资源限量，则线性规划数学模型的一般表达式如下。

目标函数：$\quad \min w = c_1x_1 + c_2x_2 + \cdots + c_mx_m$

约束条件：$\quad a_{11}x_1 + a_{21}x_2 + \cdots + a_{m1}x_m \leqslant b_1$

$\qquad\qquad a_{12}x_1 + a_{22}x_2 + \cdots + a_{m2}x_m \leqslant b_2$

$$\vdots$$

$\qquad\qquad a_{1n}x_1 + a_{2n}x_2 + \cdots + a_{mn}x_m \leqslant b_n$

$\qquad\qquad x_1, x_2, \cdots, x_m \geqslant 0$

为了书写方便，上述模型可以化简成以下形式。

目标函数：$\quad \min w = \sum\limits_{i=1}^{m} c_i x_i$

约束条件：$\quad \sum\limits_{i=1}^{m} a_{ij}x_i \leqslant b_j, j=1,2,\cdots,n$

$\qquad\qquad x_i \geqslant 0, i=1,2,\cdots,m$

 **任务实施**

1.建立表格模型

根据已知条件建立表格模型，如图6-22所示。B11:F13单元格区域为变量区域，共15个变量，且变量都为整数。

H3单元格为客户B1收到的来自三个配送中心的产品数量的合计，在H3单元格中输入公式"=SUM(B11:B13)"；H4单元格为客户B2收到的来自三个配送中心的产品数量的合计，在H4单元格中输入公式"=SUM(C11:C13)"；H5单元格为客户B3收到的来自三个配送中心的产品数量的合计，在H5单元格中输入公式"=SUM(D11:D13)"；H6单元格为客户B4收到的来自三个配送中心的产品数量的合计，在H6单元格中输入公式"=SUM(E11:E13)"；H7单元格为客户B5收到的来自三个配送中心的产品数量的合计，在H7单元格中输入公式"=SUM(F11:F13)"。

	A	B	C	D	E	F	G	H
1	单位产品运输成本（已知）					单位：元/件		条件
2	配送中心	客户						
3		B1	B2	B3	B4	B5		0
4	A1	2	3	2	1	3		0
5	A2	2	4	1	3	2		0
6	A3	4	2	3	2	1		0
7								0
8	调运方案					单位：件		
9	配送中心	客户					供应量	
10		B1	B2	B3	B4	B5		
11	A1						3000	0
12	A2						2000	0
13	A3						2500	0
14	需求量	1000	1500	2000	1200	1800	7500	
15	运输成本	0						

图6-22　规划求解表格模型

H11单元格为配送中心A1出货的合计，在H11单元格中输入公式"=SUM(B11:F11)"；H12单元格为配送中心A2出货的合计，在H12单元格中输入公式"=SUM(B12:F12)"；H13单元格为配送中心A3出货的合计，在H13单元格中输入公式"=SUM(B13:F13)"。

B15单元格为运输成本的合计，在B15单元格中输入公式"=SUMPRODUCT(B4:F6,B11:F13)"。

2. 添加"规划求解"宏

选择"文件"选项卡，从左侧弹出的菜单栏中选择"选项"，在"Excel选项"对话框中依次点击【加载项】-【规划求解加载项】-【转到】，如图6-23所示。在"加载项"对话框中勾选"规划求解加载项"，点击"确定"完成加载，如图6-24所示。

3. 设置规划求解参数和约束条件

点击"数据"选项卡下【分析】组的"规划求解"按钮，打开"规划求解参数"对话框，如图6-25所示，设置相关参数和约束条件。

（1）设置目标：选定单元格$B$15，勾选"最小值"，计算最小的运输成本。

（2）通过更改可变单元格：设置变量区域为"$B$11:$F$13"，通过改变变量的值来影响运输成本。

（3）遵守约束：点击"添加"按钮，依次添加约束条件。约束条件是调运过程中必须满足的条件，所有变量（调运量）必须为非负整数（勾选"使无约束变量为非负数"）。某客户的需求量等于三个配送中心往该客户的调运量之和，某配送中心的供应量等于五个客户从该配送中心的调拨量之和。

图6-23 "Excel选项"对话框

图6-24 勾选"规划求解加载项"

图6-25　设置规划求解参数和约束条件

4. 求最优解

设置完毕，点击"规划求解参数"对话框中的"求解"按钮，弹出如图6-26所示的"规划求解结果"对话框，点击"确定"，得到规划求解的最优结果。运输成本最小的调运方案如图6-27所示。

🌐 拓展提升

某企业计划生产甲、乙两种产品。按照物料清单（BOM），每件甲产品需要消耗A材料2kg、B材料1kg，每件乙产品需要消耗A材料1kg、B材料1.5kg。已知在计划期内可供的A、B材料分别为40kg、30kg；每生产一件甲、乙产品，企业可获得的利润分别为300元、400元。产品资源消耗如表6-16所示。

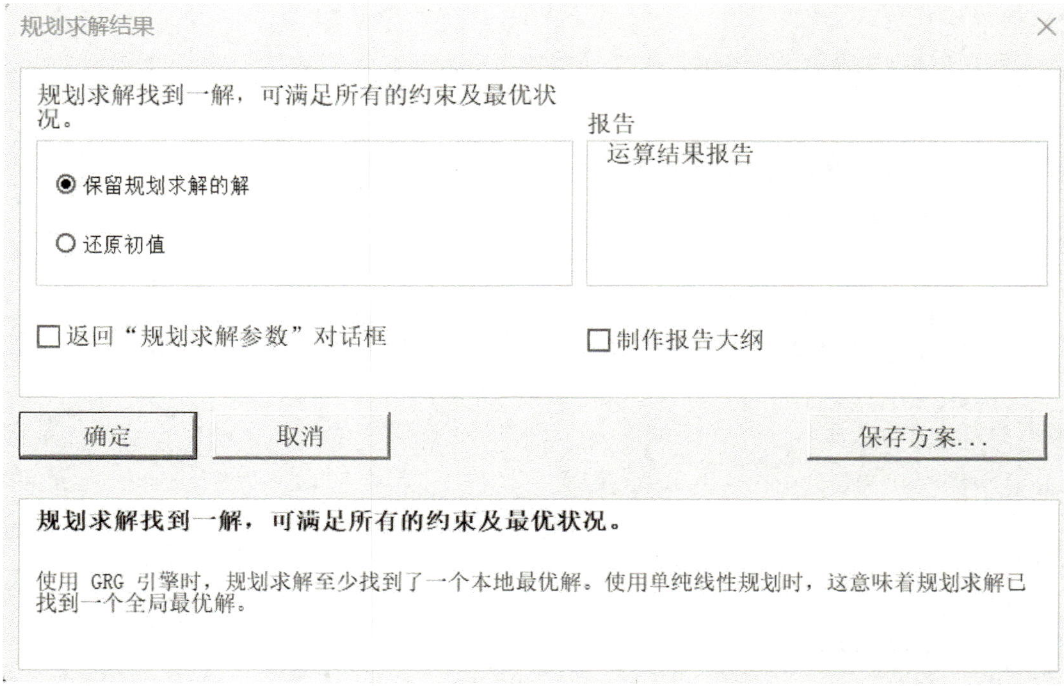

规划求解结果 ✕

规划求解找到一解，可满足所有的约束及最优状况。

报告

运算结果报告

⦿ 保留规划求解的解

○ 还原初值

☐ 返回"规划求解参数"对话框　　　　　☐ 制作报告大纲

[确定]　　[取消]　　　　　　　　　　　　　　[保存方案...]

规划求解找到一解，可满足所有的约束及最优状况。

使用 GRG 引擎时，规划求解至少找到了一个本地最优解。使用单纯线性规划时，这意味着规划求解已找到一个全局最优解。

图 6-26　"规划求解结果"对话框

	A	B	C	D	E	F	G	H
1	单位产品运输成本（已知）					单位：元/件		条件
2	配送中心	客户						
3		B1	B2	B3	B4	B5		1000
4	A1	2	3	2	1	3		1500
5	A2	2	4	1	3	2		2000
6	A3	4	2	3	2	1		1200
7								1800
8	调运方案					单位：件		
9	配送中心	客户					供应量	
10		B1	B2	B3	B4	B5		
11	A1	1000	800	0	1200	0	3000	3000
12	A2	0	0	2000	0	0	2000	2000
13	A3	0	700	0	0	1800	2500	2500
14	需求量	1000	1500	2000	1200	1800	7500	
15	运输成本	10800	元					

图 6-27　运输成本最小的调运方案

表6-16　　　　　　　　　　　　**产品资源消耗**　　　　　　　　　单位：kg/件

资源	产品	
	甲	乙
A材料	2	1
B材料	1	1.5

假定市场需求无限制，企业决策者应如何安排生产计划，使企业在计划期内总利润最大？

任务评价

任务名称			姓名		
考核内容	评价标准	参考分值	考核得分		
			自我评价	小组评价	教师评价
职业素养	认真严谨的学习态度	10			
	良好的专业行为规范	10			
知识素养	掌握规划求解的定义	10			
	掌握可变单元格的选择	10			
	掌握规划求解加载项的添加步骤	5			
	掌握约束条件的设立	10			
	掌握目标函数的设立	5			
技能素养	会建立数学模型	20			
	会根据步骤对调运问题进行规划求解	20			
小计		100			
合计（自我评价×30%+小组评价×30%+教师评价×40%）					

任务六　物流节点选址规划

知识目标

1.了解物流节点选址原则。
2.熟悉影响物流节点选址的主要因素。

能力目标

能够运用重心法实现物流节点的选址。

情感目标

1.养成认真严谨的工作态度。
2.提升灵活使用工具分析和解决问题的能力。

工作任务

青岛市万方物流有限公司在S市有5个点部（节点），集团决定新建一个配送中心。5个点部的位置（经纬度坐标）与月均需求量（圈内数字，单位为吨）如图6-28所示，请用重心法做出配送中心选址决策，计算结果保留2位小数。

任务准备

一、物流节点选址原则

1.经济性原则

物流节点有关选址的费用，主要包括建设费用、物流费用和经营费用。物流节点的选址定在市区、近郊区还是远郊区，其未来物流活动辅助设施的建设规模

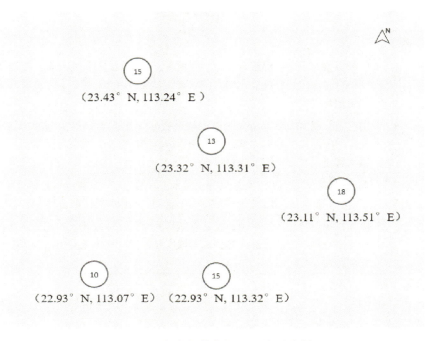

图6-28　5个点部的位置与月均需求量

和建设费用，以及物流费用是不同的，物流节点选址时应把总费用最低作为经济性原则。

2.适应性原则

物流节点的选址须与国家或省市的经济发展方针、政策相适应，与社会主义市场经济体制改革的方向相适应，与我国物流资源分布和需求分布相适应，与国民经济和社会发展相适应。

3.协调性原则

物流节点选址时应将国家的物流网络作为一个大系统来考虑，使物流节点的固定设施与活动设备之间、自有设备与公用设备之间在地域分布、物流作业生产力、技术水平等方面相互协调。

4.战略性原则

物流节点选址的决策者应具有战略眼光，一是要考虑全局性，二是要考虑长远性。局部要服从全局，眼前利益要服从长远利益，既要考虑眼前的实际需要，又要考虑日后发展的可能。

二、物流节点选址影响因素

1.自然环境因素

影响物流节点选址的自然环境因素如表6-17所示。

表6-17 　　　　　　　　　　　自然环境因素

序号	因素	内容
1	气象因素	气象因素有湿度、温度、风力、降雨量、无霜期、日照等指标。物流节点选址时要综合考虑上述指标，比如在风口建设物流节点会加速露天堆放货品的老化，所以要避开风口
2	地质因素	物流节点是大量货品的集合地，如果物流节点地面以下存在着淤泥层、流沙层、松土层等不良的地质因素，会在受压地段造成沉陷、翻浆等严重后果，为此，地质因素应该符合建筑承载力的要求
3	水文因素	远离容易泛滥的河川流域和容易上溢地下水的区域，认真考察近年的水文资料，地下水位不能过高，洪泛区、内涝区及故河道、干河滩等区域绝对禁止选用
4	地形因素	应该选择地势较高、平坦，且具有适当的面积、适宜建筑的地形。选在完全平坦的地形是最理想的，其次选择稍有坡度或起伏的地形，对于山区等陡坡地区应该完全避开

2.经营环境因素

影响物流节点选址的经营环境因素如表6-18所示。

表6-18 　　　　　　　　　　　经营环境因素

序号	因素	内容
1	经营条件	物流节点所在地区的优惠物流产业政策对物流企业的经济效益产生重要的影响；数量充足和素质较高的劳动力也是物流节点选址考虑的因素之一，这样可以降低劳动力成本
2	物流费用	影响物流节点选址的重要因素。大多数物流节点选址接近物流服务需求点，比如接近大型工业区、商业区，以便缩短运输距离，降低物流费用
3	货品特性	经营不同类型货品的物流节点应该根据货品特性进行选址，物流节点的选址应与产业结构、产品结构、工业布局紧密结合，进行考虑
4	服务水平	服务水平是物流节点选址时需要考虑的因素，现代物流过程中能否实现准时运送是评价服务水平高低的重要指标

3.交通运输因素

运输是物流的核心，运输成本是物流节点选址的主要决定因素。物流活动必须依赖各种安全、高效的运输方式，组成有效的运输系统，以及时、准确地将货品送交顾客。物流节点必须具备方便的交通运输条件。物流节点选址时需要考虑是否接近原材料供应地，是否接近消费市场，是否接近大型企业，是否具备完整的交通运输网络，是否靠近货运枢纽；同时应注意运输费率随着距离的增加，增幅下降等问题。

4.法律法规因素

物流节点的选址应符合国家的法律法规要求，其选址应该在国家法律法规允许的范围之内，符合与物流设施有关的国家标准，满足工人劳动条件。

5.其他因素

例如环境保护因素，物流节点的选址需要考虑保护自然环境与人文环境，尽可能降低对周边居民的干扰。

三、主要物流节点选址方法

1.重心法

利用数学模型，将物流系统中的需求点和资源点看作分布在某一平面范围内的物体系统，通过计算物体系统的重心来确定物流节点的最佳设置点。

2.因素分析法

根据物流节点选址的基本要求列出所要考虑的因素，并按照各因素的相对重要程度规定相应的权数。对每个备选方案进行审查，按照优劣程度排出各个备选方案的排队等级数，并计算每个备选方案的得分。最终，通过总分数调整各个备选方案的优劣程度。

3.成本－利润－产量定址分析法

成本－利润－产量定址分析法也称量本利分析法，对供选择的地址在经济方面进行对比，帮助决策者做出选址决策。该方法需要考虑固定成本、可变成本和产出水平等因素，并通过计算总成本来评估每个地址的经济性。

4.多准则决策方法

在实际选址时，除了考虑运输成本，还需要考虑自然条件、经济因素、社会环境等的影响。具体的物流节点选址过程还需要根据实际情况进行详细分析和决策。

四、重心法

1.重心法的作用

重心法主要考虑的因素是现有设施之间的距离和货品运量，经常用于中间仓库或分销仓库的选址。货品运量是影响货品运输费用的主要因素，仓库应尽可能接近运量较大的网点，从而使较大的货品运量走相对较短的路程。重心法的作用就是求出本地区实际货品运量的"重心"位置。

2.计算步骤

（1）首先要在坐标系中标出各个地点的位置，目的在于确定各个地点的相对距离。在国际选址中，经常采用经度和纬度表示坐标。

（2）根据各个地点在坐标系中的横纵坐标值，求出运输成本最低的位置坐标。

3.计算公式

$$C_x = \frac{\sum D_{ix} V_i}{\sum V_i}, \quad C_y = \frac{\sum D_{iy} V_i}{\sum V_i}$$

式中：C_x——"重心"位置的x轴坐标；

$\qquad C_y$——"重心"位置的y轴坐标；

$\qquad D_{ix}$——第i个地点的x轴坐标；

$\qquad D_{iy}$——第i个地点的y轴坐标；

$\qquad V_i$——运到第i个地点或从第i个地点运出的货品运量。

最后，求出的"重心"位置的坐标所对应的地点就是布置物流节点的地点。

✂ 任务实施

首先，在Excel工作表中录入5个节点的坐标和需求量，如图6-29所示。

	A	B	C	D
1	物流节点	坐标		需求量（t）
2		纬度坐标	经度坐标	
3	P1	22.93	113.07	10
4	P2	22.93	113.32	15
5	P3	23.11	113.51	18
6	P4	23.32	113.31	13
7	P5	23.43	113.24	15

图6-29　工作表录入

其次，计算$D_{ix}V_i$和$D_{iy}V_i$。在E3单元格中输入公式"=B3*D3"，选中E3单元格，使用填充柄向下自动填充至E7单元格。在F3单元格中输入公式"=C3*D3"，选中F3单元格，使用填充柄向下自动填充至F7单元格。$D_{ix}V_i$和$D_{iy}V_i$的计算结果如图6-30所示。

	A	B	C	D	E	F
1	物流节点	坐标		需求量（t）	$D_{ix}V_i$	$D_{iy}V_i$
2		纬度坐标	经度坐标			
3	P1	22.93	113.07	10	229.3	1130.7
4	P2	22.93	113.32	15	343.95	1699.8
5	P3	23.11	113.51	18	415.98	2043.18
6	P4	23.32	113.31	13	303.16	1473.03
7	P5	23.43	113.24	15	351.45	1698.6

图6-30　$D_{ix}V_i$和$D_{iy}V_i$的计算结果

在工作表中，使用SUM函数对D列、E列、F列的数据求和，结果如图6-31所示。

	A	B	C	D	E	F
1	物流节点	坐标		需求量（t）	$D_{ix}V_i$	$D_{iy}V_i$
2		纬度坐标	经度坐标			
3	P1	22.93	113.07	10	229.3	1130.7
4	P2	22.93	113.32	15	343.95	1699.8
5	P3	23.11	113.51	18	415.98	2043.18
6	P4	23.32	113.31	13	303.16	1473.03
7	P5	23.43	113.24	15	351.45	1698.6
8				71	1643.84	8045.31

图6-31　三列数据求和

在G3单元格中输入公式"=E8/D8"，在H3单元格中输入公式"=F8/D8"，得出最佳位置的坐标，如图6-32所示。

	A	B	C	D	E	F	G	H
1	物流节点	坐标		需求量（t）	$D_{ix}V_i$	$D_{iy}V_i$	C_x	C_y
2		纬度坐标	经度坐标					
3	P1	22.93	113.07	10	229.3	1130.7	23.15268	113.3142
4	P2	22.93	113.32	15	343.95	1699.8		
5	P3	23.11	113.51	18	415.98	2043.18		
6	P4	23.32	113.31	13	303.16	1473.03		
7	P5	23.43	113.24	15	351.45	1698.6		
8				71	1643.84	8045.31		
9	最佳位置	23.15	113.31					

图6-32　最佳位置的坐标

拓展提升

联华集团在A市有6家门店，集团决定新建一个配送中心。6家门店的位置（经纬度坐标）与月均需求量的信息如图6-33所示，请用重心法做出配送中心选址决策，计算结果保留2位小数。

	A	B	C	D
1	物流节点	坐标		需求量（t）
2		纬度坐标	经度坐标	
3	P1	25.43	115.24	20
4	P2	24.32	115.39	13
5	P3	24.11	115.51	18
6	P4	22.93	115.32	15
7	P5	22.93	115.07	10
8	P6	23.56	115.56	16

图6-33　6家门店的位置与月均需求量

任务评价

任务名称		姓名			
考核内容	评价标准	参考分值	考核得分		
			自我评价	小组评价	教师评价
职业素养	认真严谨的学习态度	10			
	良好的专业行为规范	10			
知识素养	掌握 Excel 表格计算技巧	10			
	掌握重心法计算步骤	10			
	理解物流节点选址原则	10			
	掌握影响物流节点选址的主要因素	5			
	了解配送中心选址的方法	5			
技能素养	掌握运用重心法实现物流节点选址	20			
	高效、快速地使用 Excel 表格进行物流节点选址的相关计算	20			
小计		100			
合计（自我评价×30%+小组评价×30%+教师评价×40%）					

项目七 配送管理数据分析与处理

任务一　配送作业计划制订

 知识目标

1.熟悉配送作业的流程。

2.掌握时间类型数据处理的过程。

3.掌握甘特图的制作步骤。

 能力目标

能够使用甘特图制订配送作业计划。

 情感目标

1.养成认真严谨的工作态度。

2.提升灵活使用工具分析和解决问题的能力。

 工作任务

查看青岛市万方物流有限公司配送作业的实施计划表，如图7-1所示。该实施计划表以表格形式展现，为方便查看，根据要求制成甘特图的形式，来进一步展示配送作业进度计划。

	A	B	C
1	工作任务	开始时间	持续时间
2	出货作业	8:00	0:20
3	调度作业	8:20	0:20
4	送货作业	8:40	0:10
5	签收作业	8:50	0:30
6	收退作业	10:30	0:30
7	核单作业	11:20	0:10

图7-1　配送作业的实施计划表

 **任务准备**

1. 配送作业流程

配送作业流程：出货作业、调度作业、送货作业、签收作业、收退作业、核单作业。

出货作业是与前期仓储作业相衔接的，主要包括点货作业和上车作业。点货作业强调对出库货品名称、数量的确认，包括领取出货凭证、核对装车单、清点货品、签名确认、搬运至出货月台等步骤，上车作业包括确定配送顺序、指导装货上车、客户货品区别标示等步骤。

调度作业是准备工作，其主要内容是通过合理调度车辆与人员、合理安排车辆积载和配送线路来提高车辆利用率，降低配送成本，满足客户服务需求。

送货作业是指利用配送车辆把客户订购的货品从制造厂、生产基地、批发商、经销商或配送中心送到客户手中的过程。从配送实践来看，国内配送中心、物流中心，其配送经济里程在 30km 以内。如何集中车辆调度、组合最佳路线、采取巡回送货方式，是配送活动中送货组织需要解决的主要问题。

签收作业是指配送车辆将货品送达客户后，客户根据订单核对货品、清点数量、检查包装和质量，经检查核对无误，在送货单上签名确认，若发现差异，须进行差异处理的过程。

收退作业是指经过一系列清点、核对、检查等程序，配送员将客户退货品和相关单据带回配送中心的过程。

核单作业是指装车出货后，由于种种原因，客户并不一定能如数收到发出的货品，对出车回单进行处理，将实际客户收货信息输入系统，汇总配送差异情况的过程。

2. 甘特图

甘特图（Gantt Chart）又称为横道图、条状图（Bar Chart），可以显示项目、进度和其他时间相关的系统进展以及内在关系随着时间发展的情况。甘特图示例如图 7-2 所示。甘特图通过活动列表和时间刻度表示特定项目的顺序与持续时间。一般来说，其横轴表示时间，纵轴表示项目，线条表示期间计划和实际完成情况，直观表明计划何时进行，进展与要求形成对比，便于管理者弄清项目的剩余任务，评估工作进度。将甘特图应用到配送作业计划中，能直观地反映配送作业的进度情况。

任务实施

1. 插入堆积条形图

打开素材文件，选中 A1:C7 单元格区域，依次单击"插入"选项卡–【图表】组"插入条形图"按钮的下拉箭头，选择"堆积条形图"生成如图 7-3 所示的堆积条形图。

项目名字	第一季度				第二季度				第三季度				第四季度			
	1	2	3	4	1	2	3	4	1	2	3	4	1	2	3	4
A项目																
子任务一																
子任务二																
子任务三																
B项目																
C项目																
子任务一																
子任务二																
子任务三																

图7-2 甘特图示例

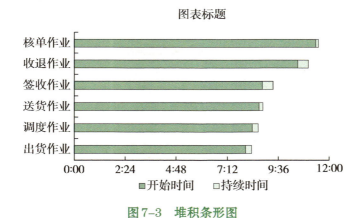

图7-3 堆积条形图

2.修改数据系列格式

选中堆积条形图，单击图中"开始时间"数据系列，依次点击"格式"选项卡-【形状样式】组"形状填充"按钮的下拉箭头，选择"无填充颜色"，如图7-4所示。

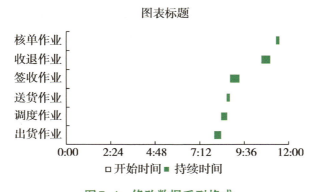

图7-4 修改数据系列格式

3. 调整纵轴数据顺序

鼠标右击纵轴，在右键快捷菜单中选择"设置坐标轴格式"，勾选"逆序类别"，完成纵轴上项目顺序的调整，如图7-5所示。

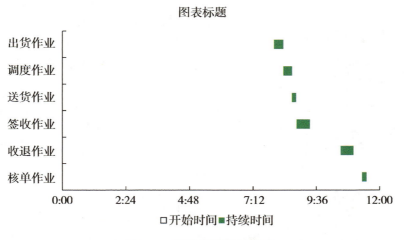

图7-5　调整纵轴数据顺序

4. 设置横轴刻度

鼠标右击B2:C7单元格区域，在右键快捷菜单中选择"设置单元格格式"，弹出"设置单元格格式"对话框后，依次点击【数字】-【数值】，小数位数设置为"7"，如图7-6所示。

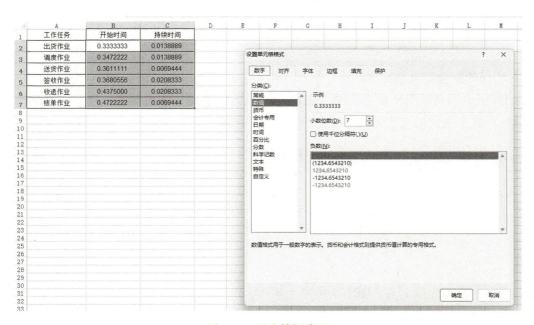

图7-6　更改数据类型

右键单击横轴刻度，在右键快捷菜单中选择"设置坐标轴格式"，参照图7-7，设置相关参数：【边界】最小值和最大值分别设置为"0.3333333""0.5"，【单位】主要和次要分别设置为"0.0069444""0.00069444"。

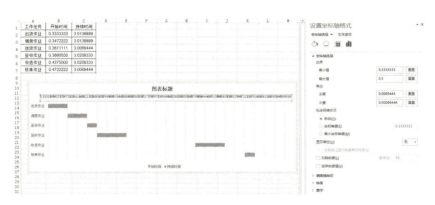

图7-7　设置横轴格式

鼠标右击B2:C7单元格区域，在右键快捷菜单中选择"设置单元格格式"，弹出"设置单元格格式"对话框后，依次点击【数字】-【时间】，选择"小时：分钟"型，如图7-8所示。

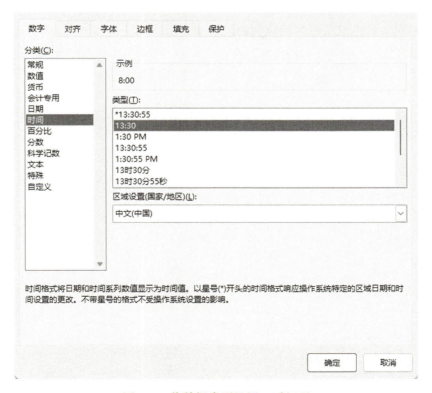

图7-8　将数据类型设置回时间型

5.对图表进行美化

选中图表，拖动右侧的控制句柄，扩展图表宽度，同时适当缩小横轴刻度字号，以确保横轴刻度能正常显示。将图表标题设置为"配送作业进度计划"，最终效果如图7-9所示。

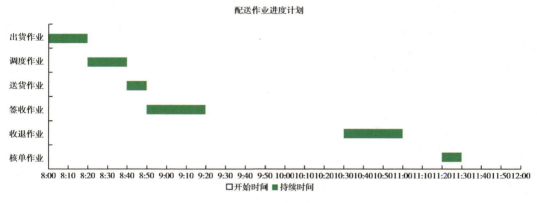

图7-9　甘特图

拓展提升

某公司配送员在配送过程中收到客户要求退货的信息，准备按照收退作业流程处理该客户退货要求，表7-1列出了配送作业中的收退作业进度计划，请运用甘特图进行展示。

表7-1　　　　　　　　　　收退作业进度计划

工作任务	开始时间	持续时间
货品检查清点	8:30	0:20
货品签收	8:50	0:10
返品上车	9:00	0:30
到库下货	9:50	0:15
在库对点	10:20	0:30
货品签收	10:50	0:10
送到返品处理区	11:00	0:10

任务评价

任务名称			姓名			
考核内容	评价标准	参考分值	考核得分			
			自我评价	小组评价	教师评价	
职业素养	认真严谨的学习态度	10				
	良好的专业行为规范	10				
知识素养	掌握表格设计技巧	10				
	掌握配送作业流程	10				
	掌握时间类型数据处理的过程	10				
	掌握甘特图的制作步骤	10				
技能素养	规范制作甘特图图表	20				
	正确填写甘特图对应表格	20				
小计		100				
合计（自我评价×30%+小组评价×30%+教师评价×40%）						

任务二 规划求解解决车辆配载问题

知识目标

1.掌握数据分列的方法。
2.掌握文本分析函数的用法。
3.掌握货品体积和重量快速计算的步骤。

能力目标

能够运用规划求解解决车辆配载问题。

情感目标

1.培养创造性思维、整体规划能力和解决问题的能力。
2.提升灵活使用工具分析和解决问题的能力。

工作任务

青岛市万方物流有限公司是一家大型物流企业，拥有完善的物流服务网络，其经营网络覆盖全国大部分地区，实行"云仓+落地配"的仓配一体化策略。青岛市万方物流有限公司在 M 市建立了一处配送中心，依托先进的物流服务平台，主要为商业客户提供普通货品（除冷冻货品）的市内配送服务。配送中心现收到 11 个客户的订单（见图 7–10），但目前仅有一辆普通厢式货车可供使用，该车载重量为 9 吨，有效容积为 33 立方米。

请计算出每个客户所订购货品的总重量和总体积，同时按照车辆装载最大化的原则，设计该车辆的配装方案。

客户代号	货品信息			
	货品名称	数量	单箱重量	包装规格（mm）
A	方便面	200箱	6.5kg	360×320×110
B	黑芝麻汤圆	40箱	15kg	560×320×210
B	速冻水饺	200箱	3kg	410×210×150
B	速冻年糕	25箱	20kg	370×330×1530
C	台灯	40箱	12.5kg	560×320×210
C	笔记本	200箱	1kg	410×210×150
D	风扇	125箱	4kg	260×220×150
D	汽车模型	25箱	16kg	500×400×350
E	黑人牙膏	200箱	6.5kg	560×320×210
E	牙刷	60箱	11.67kg	410×210×150
E	电动牙刷	25箱	12kg	370×330×1530
F	高清显示器	50箱	38kg	320×280×220
G	学生饮用奶	100箱	4kg	410×210×150
G	全脂牛奶	50箱	30kg	320×280×220
H	修理工具	200箱	10kg	560×320×210
H	字典	400箱	0.75kg	410×210×150
I	营养麦片	100箱	3kg	410×210×150
I	体脂计	50箱	20kg	320×280×220
J	娃哈哈饮用水	30箱	6.67kg	410×210×150
J	好丽友蛋黄派	20箱	10kg	370×330×1530
K	普通包裹	139箱	6.74kg	500×300×240

图7–10　客户订单

任务准备

1.车辆的配载

配送作业中车辆的配载是指在物流配送过程中，根据货品的属性、数量、目的地等要素合理地将货品分配到不同的运输工具（车辆）的过程。车辆配载的目标是在保证货品安全、高效运输的前提下，最大程度地利用运输资源，降低运输成本，提高运输效率。

2.影响车辆配载的因素

（1）载货量：指车辆能够携带的货品的最大重量或体积。通过合理的配载，可以充分利用车辆的载货量，提高运输效率。

（2）装载率：指车辆实际装载货品的重量或体积与其最大载货量的比值。合理的车辆配载可以使装载率尽可能接近100%，避免运输资源的浪费。

看一看

与装载率有关指标的计算公式：

重量利用率＝实际载货重量/车辆限重

体积利用率＝实际载货体积/车辆限制容积

综合利用率＝（重量利用率＋体积利用率）/2

（3）配载方案：指根据货品的属性、数量、目的地等要素，设计出的最佳车辆配载方案。配载方案制定者需要考虑货品的特性，如易碎品要避免受到振动和冲击，危险品需要与其他货品隔离等。

（4）交通运输规划：指对于大规模运输需求的调度和安排，如选择合适的运输工具、规划高效的路线、安排合理的时间等。交通运输规划师需要考虑货品种类及数量、运输距离、交通状况等多个因素，以实现最佳的配载效果。

综上所述，车辆配载是配送作业中至关重要的一环。合理的配载方案和交通运输规划，可以实现货品的高效配送，最大程度地利用配送车辆资源，降低成本、提高效益。

3.相关函数应用

（1）LEFT 函数。

作用：从文本的第一个字符开始返回指定个数的字符。

格式：=LEFT(文本，提取字符的个数)。

（2）LEN 函数。

作用：返回字符串中的字符个数。

格式：=LEN(字符串)。

4.规划求解在解决车辆配载问题中的应用

借助"规划求解"，可求得工作表上某个单元格（被称为目标单元格）中公式的最优解。在配送作业中，由于配送车辆的限重和限制容积，很多情况下无法一次性将所有客户的货品全部装车配载，这就需要考虑车辆配载问题，使用"规划求解"恰好能解决这个问题。将车辆综合利用率设置为目标值并遵循目标值最大原则，将车辆额定限重和限制容积作为约束条件，将货品是否装车作为可变条件，得出车辆配载问题的优化结果。

⚒ 任务实施

任务实施步骤：首先，通过分列等操作对数据进行处理，转化为标准的数值型数据，然后使用公式进行计算。客户越多、订购货品种类越多，越适用。

1."单箱重量"列数据处理

在"单箱重量"列右侧插入一个空白列，列标题设置为"单箱重量（数值型）"，在 E3 单元格中输入公式"=LEFT(D3,LEN(D3)-2)"，选中 E3 单元格，使用填充柄向下自动填充至 E23 单元格，如图 7-11 所示。

2."包装规格（mm）"列数据处理

删除第一行，确保工作表中不存在合并的单元格区域。在 F 列右侧插入两个空白列，用于存放提取出来的数据。选中 F 列，依次点击"数据"选项卡-【数据工具】组的"分列"按钮。在弹出的"文本分列向导-第1步，共3步"对话框中勾选"分隔符号"，点击"下一步"；在"文本分列向导-第2步，共3步"对话框中勾选"Tab键"和"其他"（输入"×"），点击"完成"，相关设置如图 7-12 所示。

	A	B	C	D	E	F
1	客户代号			货品信息		
2		货品名称	数量	单箱重量	单箱重量（数值型）	包装规格（mm）
3	A	方便面	200箱	6.5kg	6.5	360×320×110
4	B	黑芝麻汤圆	40箱	15kg	15	560×320×210
5	B	速冻水饺	200箱	3kg	3	410×210×150
6	B	速冻年糕	25箱	20kg	20	370×330×1530
7	C	台灯	40箱	12.5kg	12.5	560×320×210
8	C	笔记本	200箱	1kg	1	410×210×150
9	D	风扇	125箱	4kg	4	260×220×150
10	D	汽车模型	25箱	16kg	16	500×400×350
11	E	黑人牙膏	200箱	6.5kg	6.5	560×320×210
12	E	牙刷	60箱	11.67kg	11.67	410×210×150
13	E	电动牙刷	25箱	12kg	12	370×330×1530
14	F	高清显示器	50箱	38kg	38	320×280×220
15	G	学生饮用奶	100箱	4kg	4	410×210×150
16	G	全脂牛奶	50箱	30kg	30	320×280×220
17	H	修理工具	200箱	10kg	10	560×320×210
18	H	字典	400箱	0.75kg	0.75	410×210×150
19	I	营养麦片	100箱	3kg	3	410×210×150
20	I	体脂计	50箱	20kg	20	320×280×220
21	J	娃哈哈饮用水	30箱	6.67kg	6.67	410×210×150
22	J	好丽友蛋黄派	20箱	10kg	10	370×330×1530
23	K	普通包裹	139箱	6.74kg	6.74	500×300×240

图 7-11　"单箱重量"列数据处理

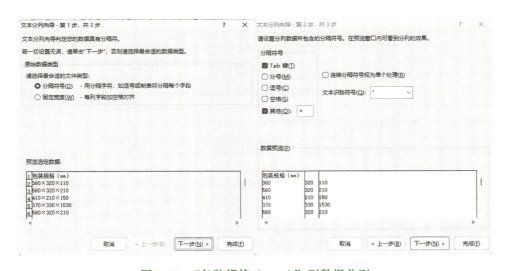

图 7-12　"包装规格（mm）"列数据分列

将 F 列、G 列、H 列的列标题分别改为"包装规格－长（mm）""包装规格－宽
（mm）""包装规格－高（mm）"，数据处理结果如图 7-13 所示。

3.计算单品的体积和重量

在 H 列右侧插入一个空白列，列标题设置为"体积（立方米）"，在 I2 单元格中输入
公式"=LEFT(C2,LEN(C2)–1)*F2*G2*H2/1000000000"，选中 I2 单元格，使用填充柄向下自
动填充至 I22 单元格；在 I 列右侧插入一个空白列，列标题设置为"重量（吨）"，在 J2 单
元格中输入公式"=LEFT(C2,LEN(C2)–1)*E2/1000"，选中 J2 单元格，使用填充柄向下自动
填充至 J22 单元格。所有单品的体积和重量计算保留 2 位小数，如图 7-14 所示。

	A	B	C	D	E	F	G	H
1	客户代号	货品名称	数量	单箱重量	单箱重量（数值型）	包装规格-长（mm）	包装规格-宽（mm）	包装规格-高（mm）
2	A	方便面	200箱	6.5kg	6.5	360	320	110
3	B	黑芝麻汤圆	40箱	15kg	15	560	320	210
4	B	速冻水饺	200箱	3kg	3	410	210	150
5	B	速冻年糕	25箱	20kg	20	370	330	1530
6	C	台灯	40箱	12.5kg	12.5	560	320	210
7	C	笔记本	200箱	1kg	1	410	210	150
8	D	风扇	125箱	4kg	4	260	220	150
9	D	汽车模型	25箱	16kg	16	500	400	350
10	E	黑人牙膏	200箱	6.5kg	6.5	560	320	210
11	E	牙刷	60箱	11.67kg	11.67	410	210	150
12	E	电动牙刷	25箱	12kg	12	370	330	1530
13	F	高清显示器	50箱	38kg	38	320	280	220
14	G	学生饮用奶	100箱	4kg	4	410	210	150
15	G	全脂牛奶	50箱	30kg	30	320	280	220
16	H	修理工具	200箱	10kg	10	560	320	210
17	H	字典	400箱	0.75kg	0.75	410	210	150
18	I	营养麦片	100箱	3kg	3	410	210	150
19	I	体脂计	50箱	20kg	20	320	280	220
20	J	娃哈哈饮用水	30箱	6.67kg	6.67	410	210	150
21	J	好丽友蛋黄派	20箱	10kg	10	370	330	1530
22	K	普通包裹	139箱	6.74kg	6.74	500	300	240

图7-13 "包装规格（mm）"列数据处理

	A	B	C	D	E	F	G	H	I	J
1	客户代号	货品名称	数量	单箱重量	单箱重量（数值型）	包装规格-长（mm）	包装规格-宽（mm）	包装规格-高（mm）	体积（立方米）	重量（吨）
2	A	方便面	200箱	6.5kg	6.5	360	320	110	2.53	1.30
3	B	黑芝麻汤圆	40箱	15kg	15	560	320	210	1.51	0.60
4	B	速冻水饺	200箱	3kg	3	410	210	150	2.58	0.60
5	B	速冻年糕	25箱	20kg	20	370	330	1530	4.67	0.50
6	C	台灯	40箱	12.5kg	12.5	560	320	210	1.51	0.50
7	C	笔记本	200箱	1kg	1	410	210	150	2.58	0.20
8	D	风扇	125箱	4kg	4	260	220	150	1.07	0.50
9	D	汽车模型	25箱	16kg	16	500	400	350	1.75	0.40
10	E	黑人牙膏	200箱	6.5kg	6.5	560	320	210	7.53	1.30
11	E	牙刷	60箱	11.67kg	11.67	410	210	150	0.77	0.70
12	E	电动牙刷	25箱	12kg	12	370	330	1530	4.67	0.30
13	F	高清显示器	50箱	38kg	38	320	280	220	0.99	1.90
14	G	学生饮用奶	100箱	4kg	4	410	210	150	1.29	0.40
15	G	全脂牛奶	50箱	30kg	30	320	280	220	0.99	1.50
16	H	修理工具	200箱	10kg	10	560	320	210	7.53	2.00
17	H	字典	400箱	0.75kg	0.75	410	210	150	5.17	0.30
18	I	营养麦片	100箱	3kg	3	410	210	150	1.29	0.30
19	I	体脂计	50箱	20kg	20	320	280	220	0.99	1.00
20	J	娃哈哈饮用水	30箱	6.67kg	6.67	410	210	150	0.39	0.20
21	J	好丽友蛋黄派	20箱	10kg	10	370	330	1530	3.74	0.20
22	K	普通包裹	139箱	6.74kg	6.74	500	300	240	5.00	0.94

图7-14 单品体积、重量计算

4. 按客户汇总体积和重量

按客户对工作表进行汇总，数据透视表汇总步骤如图7-15所示。

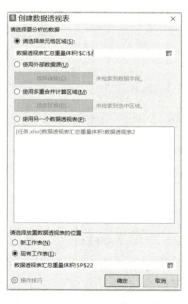

图7-15 数据透视表汇总步骤

插入数据透视表，字段选择"客户代号""重量（吨）""体积（立方米）"，如图7-16所示。

N	O	P
客户代号	求和项:体积(立方米)	求和项:重量（吨）
A	2.53	1.30
B	8.76	1.70
C	4.09	0.70
D	2.82	0.90
E	12.97	2.30
F	0.99	1.90
G	2.28	1.90
H	12.69	2.30
I	2.28	1.30
J	4.12	0.40
K	5.00	0.94
（空白）		
总计	58.54	15.64

图7-16　汇总体积和重量的数据透视表

5. 规划求解解决车辆配载问题

（1）建立表格模型。

将数据透视表复制到新的工作表，并将其命名为"规划求解解决车辆配载问题"。客户代号为"B"的客户的三种货品均为冷冻货品，而青岛市万方物流有限公司仅提供普通货品（除冷冻货品）的市内配送服务，因此删除该客户的数据。在数据透视表的基础上，建立如图7-17所示的表格。

在E2单元格中输入公式"=B2*D2"，选中E2单元格，使用填充柄向下自动填充至E11单元格。在F2单元格中输入公式"=C2*D2"，选中F2单元格，使用填充柄向下自动填充至F11单元格。分别对"装车体积""装车重量"两列求和：在E12单元格中输入公式"=SUM(E2:E11)"，在F12单元格中输入公式"=SUM(F2:F11)"。分别计算体积利用率和重量利用率：在E13单元格中输入公式"=E12/33"，在F13单元格中输入公式"=F12/9"。计算综合利用率：在E14单元格中输入公式"=(E13+F13)/2"。

设置目标：综合利用率最大。"是否装车"列，D2:D11单元格区域为变量区域。约束条件：体积和重量的最大值不能超过车辆限制容积和车辆限重；"是否装车"列单元格的值为0或1。

（2）设置规划求解参数和约束条件。

前文已添加"规划求解"宏，点击"数据"选项卡下【分析】组的"规划求解"按钮，打开"规划求解参数"对话框，设置相关参数和约束条件，如图7-18所示。

	A	B	C	D	E	F
1	客户代号	体积（立方米）	重量（吨）	是否装车	装车体积	装车重量
2	A	2.53	1.30		0	0
3	C	4.09	0.70		0	0
4	D	2.82	0.90		0	0
5	E	12.97	2.30		0	0
6	F	0.99	1.90		0	0
7	G	2.28	1.90		0	0
8	H	12.69	2.30		0	0
9	I	2.28	1.30		0	0
10	J	4.12	0.40		0	0
11	K	5.00	0.94		0	0
12				合计	0	0
13				利用率	0	0
14				综合利用率	0	

图 7-17　装车计划表

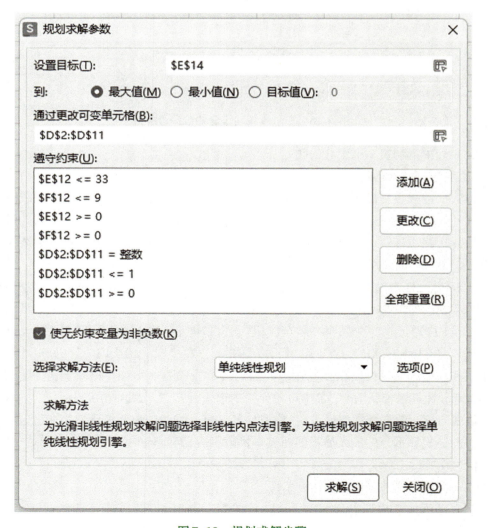

图 7-18　规划求解步骤

208

（3）求最优解。

通过规划求解功能计算，得出运行结果，如图7-19所示。

	A	B	C	D	E	F
1	客户代号	体积（立方米）	重量（吨）	是否装车	装车体积	装车重量
2	A	2.53	1.30	1	2.53	1.30
3	C	4.09	0.70	1	4.09	0.70
4	D	2.82	0.90	0	0.00	0.00
5	E	12.97	2.30	0	0.00	0.00
6	F	0.99	1.90	0	0.00	0.00
7	G	2.28	1.90	1	2.28	1.90
8	H	12.69	2.30	1	12.69	2.30
9	I	2.28	1.30	1	2.28	1.30
10	J	4.12	0.40	1	4.12	0.40
11	K	5.00	0.94	1	5.00	0.94
12				合计	33.00	8.84
13				利用率	99.99%	98.19%
14				综合利用率	99.09%	

图7-19　规划求解解决车辆配载问题

汇总整理表格后，得出最终统计结果，如表7-2所示。

表7-2　　　　　　　　　　　最终统计结果

客户代号	货品总体积（立方米）	货品总重量（吨）	是否装车
A	2.53	1.30	是
B	8.76	1.70	否
C	4.09	0.70	是
D	2.82	0.90	否
E	12.97	2.30	否
F	0.99	1.90	否
G	2.28	1.90	是
H	12.69	2.30	是
I	2.28	1.30	是
J	4.12	0.40	是
K	5.00	0.94	是

拓展提升

配送中心现收到客户的订购货品信息，如图7-20所示。由于运力紧张，现仅有一辆货车可供使用，已知车辆载重量为10吨，有效容积为30立方米。请汇总计算出每个客户所需货品的总体积和总重量，同时按照车辆装载最大化的原则（把综合利用率作为车辆装载程度的判断依据），设计该车辆的配装方案。

	A	B	C	D	E
1	客户代号	货品信息			
2		货品名称	包装规格（mm）	数量	重量
3	A	沙琪玛	360×320×110	200箱	1.3吨
4	B	工具包	560×320×210	40箱	0.6吨
5	B	燕麦片	410×210×150	200箱	0.6吨
6	B	奶片	370×330×1530	25箱	0.5吨
7	C	电灯	560×320×210	40箱	0.5吨
8	C	笔记本	410×210×150	200箱	0.2吨
9	D	超大风扇	260×220×150	125箱	0.5吨
10	D	汽车玩具	500×400×350	25箱	0.4吨
11	E	速冻饺子	560×320×210	200箱	1.3吨
12	E	雪糕	410×210×150	60箱	0.7吨
13	E	速冻汤圆	370×330×1530	25箱	0.3吨
14	F	显示器	320×280×220	50箱	1.9吨
15	H	可乐	410×210×150	100箱	0.4吨
16	H	雪碧	320×280×220	50箱	1.5吨
17	I	修理工具	560×320×210	200箱	2.0吨
18	I	笔	410×210×150	400箱	0.3吨
19	J	体温计	410×210×150	100箱	0.3吨
20	J	体脂计	320×280×220	50箱	1.0吨
21	K	乐事薯片	410×210×150	30箱	0.2吨
22	K	蛋黄派	370×330×1530	20箱	0.2吨
23	L	包裹	400×310×290	139箱	0.9吨

图 7-20　订购货品信息

⊚ 任务评价

任务名称			姓名		
考核内容	评价标准	参考分值	考核得分		
			自我评价	小组评价	教师评价
职业素养	认真严谨的学习态度	10			
	良好的专业行为规范	10			
知识素养	掌握数据分列的方法	10			
	掌握文本分析函数的用法	10			

续表

考核内容	评价标准	参考分值	考核得分		
			自我评价	小组评价	教师评价
知识素养	掌握货品体积和重量快速计算的步骤	10			
	掌握规划求解的步骤	10			
技能素养	规范车辆配载问题求解步骤	20			
	规划求解得出优化的车辆配载计划	20			
小计		100			
合计（自我评价×30%+小组评价×30%+教师评价×40%）					

任务三　节约里程法优化配送路线

 知识目标

1. 熟悉配送路线优化的内容。
2. 掌握IF函数的使用。
3. 掌握节约里程法的步骤。

 能力目标

能够运用节约里程法优化配送路线。

 情感目标

1. 养成成本节约的意识和目标管理的思维习惯。
2. 提升灵活使用工具分析和解决问题的能力。

 工作任务

青岛市万方物流有限公司配送中心（P_0）将向5个客户（$P_1 \sim P_5$）配送货品。图7-21中连线上的数字表示公路里程（km）。配送中心备有载重量为2吨和4吨的汽车，汽车按顺时针方向巡回。为了尽量缩短车辆运行距离，试用节约里程法制定最优的配送路线方案。配送货品信息如图7-22所示。

 任务准备

1. 配送路线优化

（1）配送路线的概念。配送路线是指配送中心根据货品容量、客户分布及需求、配送车辆数，为车辆选择的到达客户端的行驶路线。

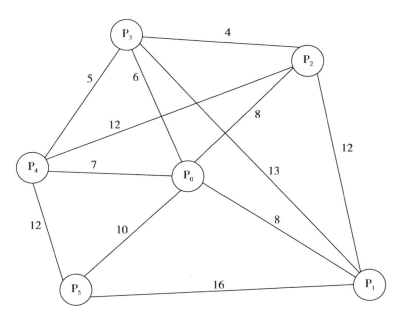

图 7-21　配送路线

配送货品信息			
客户代号	客户名称	货品名称	总重量（吨）
P_1	大华商厦	雪饼	1.5
P_2	南易批发市场	维修工具包	0.6
P_2	南易批发市场	营养燕麦片	0.6
P_2	南易批发市场	全脂奶粉	0.5
P_3	青散电商3仓库	高级台灯	0.6
P_3	青散电商3仓库	学生笔记本	0.3
P_4	淘宝仓库	迷你风扇	0.5
P_4	淘宝仓库	汽车模型	0.5
P_4	淘宝仓库	牙膏	0.3
P_4	淘宝仓库	儿童牙刷	0.1
P_5	加加乐超市	电动牙刷	0.6
P_5	加加乐超市	高清显示器	1.8

图 7-22　配送货品信息

（2）配送路线选择的约束条件。在配送中心现有生产力范围之内，满足客户或收货人对货品品种、规格、数量和质量的要求；满足客户或收货人对货品送达时间限制的要求；在允许通行的时间进行配送；不得超过车辆载重量和容积等指标。

（3）配送车辆路线安排。配送车辆路线安排实质上是典型的优化组合问题，是交通运输和物流配送领域的核心问题。比如，多部车辆要将货品从一个或者多个仓库送达多个地理位置比较分散的客户，如何安排车辆及其行驶路线，才能使总费用最小。

2. 节约里程法

节约里程法是用来解决运输车辆数目不确定问题的启发式算法，又称节约算法或节约法，可以用并行方式和串行方式来优化行车距离。

节约里程法的基本原理：已知 O 点为配送中心，它分别向用户 A 和用户 B 送货。设 O 点到 A 点和 B 点的距离分别为 a 和 b，用户 A 和用户 B 之间的距离为 c，现有两种配送方案，如图 7-23 和图 7-24 所示。

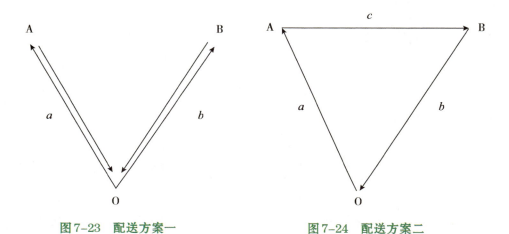

图 7-23　配送方案一　　　　　图 7-24　配送方案二

配送方案一的配送距离为 $2(a+b)$；配送方案二的配送距离为 $a+b+c$。对比这两个方案，哪个更合理呢？这就要看哪个配送距离最小，配送距离越小，则说明方案越合理。

两个配送方案的配送距离的差值：

$$2（a+b）-（a+b+c）=（2a+2b）-a-b-c=a+b-c$$

如果把图 7-24 看成一个三角形，那么 a、b、c 则是这个三角形三条边的长度。由三角形的几何性质可知，三角形中任意两条边的边长之和大于第三边的边长。因此，可以认定 $a+b-c$ 的计算结果是大于零的，配送方案二优于配送方案一，节约了里程。

节约里程法核心思想：依次将运输问题中的两个回路合并为一个回路，每次使合并后的总运输距离最小，直到达到一辆车的装载限制时，再进行下一辆车的优化。

利用节约里程法确定配送路线的主要出发点：根据配送中心的运输能力和配送中心到各个用户以及各个用户之间的距离来制定使总车辆运输吨公里数最小的配送方案。另还需满足以下条件：①满足所有用户的要求；②不使任何一辆车超载；③每辆车每天的总运行时间或行驶里程不超过规定的上限；④满足用户到货时间要求。为达到高效率的配送，使配送的时间最少、距离最短、成本最低，而寻找到最佳配送路线。

 **任务实施**

1.整理配送货品信息

打开素材文件，选中A1:D13单元格区域，插入数据透视表，生成配送货品信息汇总表，如图7-25所示。

▲	A	B	C	D	E	F	G
1	客户代号	客户名称	货品名称	总重量（吨）		客户代号 ▽	求和项：总重量（吨）
2	P_1	大华商厦	雪饼	1.5		P_1	1.5
3	P_2	南易批发市场	维修工具包	0.6		P_2	1.7
4	P_2	南易批发市场	营养燕麦片	0.6		P_3	0.9
5	P_2	南易批发市场	全脂奶粉	0.5		P_4	1.4
6	P_3	青散电商3仓库	高级台灯	0.6		P_5	2.4
7	P_3	青散电商3仓库	学生笔记本	0.3		总计	7.9
8	P_4	淘宝仓库	迷你风扇	0.5			
9	P_4	淘宝仓库	汽车模型	0.5			
10	P_4	淘宝仓库	牙膏	0.3			
11	P_4	淘宝仓库	儿童牙刷	0.1			
12	P_5	加加乐超市	电动牙刷	0.6			
13	P_5	加加乐超市	高清显示器	1.8			

图7-25　配送货品信息汇总表

2.制作运输里程表

根据配送路线，添加表格内容，制作运输里程表，如图7-26所示。

▲	A	B	C	D	E	F
1	P_0					
2	8	P_1				
3	8	12	P_2			
4	6	13	4	P_3		
5	7	15	9	5	P_4	
6	10	16	18	16	12	P_5

图7-26　运输里程表

3.使用IF函数制作节约里程表

在运输里程表右侧添加两个空白列，列标题分别为"路线""里程"，除P_0之外，从P_1开始逐个列出与其他各点之间的路线，如P_1P_2、P_1P_3、P_1P_4、P_1P_5，结果如图7-27所示。

计算每条路线的节约里程：P_0到两个点的距离之和，减去两个点间的直接距离。例如，计算P_1、P_2之间的节约里程，计算公式是$P_0P_1+P_0P_2-P_1P_2$。使用IF函数，在K2单元格中输入公式"=IF(($A$2+A3−B3)<0，0，$A$2+A3−B3)"，在其他单元格中依次使用公式填充。

	A	B	C	D	E	F	G	H	I	J	K
1	P_0									路线	里程
2	8	P_1								P_1P_2	4
3	8	12	P_2							P_1P_3	1
4	6	13	4	P_3						P_1P_4	0
5	7	15	9	5	P_4					P_1P_5	2
6	10	16	18	16	12	P_5				P_2P_3	10
7										P_2P_4	6
8										P_2P_5	0
9										P_3P_4	8
10										P_3P_5	0
11										P_4P_5	5

图 7-27　节约里程表

4.按节约里程排序

选择"路线""里程"两列单元格区域，依次点击"数据"选项卡-【排序和筛选】组的"排序"按钮，按照节约里程降序排序，排序结果整合到新的工作表中，如图7-28 所示。

	A	B
1	路线	节约里程
2	P_2P_3	10
3	P_3P_4	8
4	P_2P_4	6
5	P_4P_5	5
6	P_1P_2	4
7	P_1P_5	2
8	P_1P_3	1
9	P_1P_4	0
10	P_2P_5	0
11	P_3P_5	0

图 7-28　按照节约里程降序排序

5.制定配送路线

根据载重量约束与节约里程大小，将各客户点连接起来，形成优化后的配送路线，如图 7-29 所示。

路线1：P_0-P_4-P_3-P_2-P_0。

P_4、P_3、P_2客户货品总重量合计4（1.4+0.9+1.7）吨，指派一辆4吨的车。

路线2：P_0-P_1-P_5-P_0。

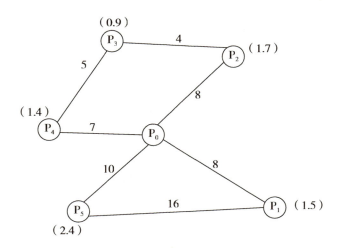

图 7-29 优化后的配送路线

P_1、P_5 客户货品总重量合计 3.9（1.5+2.4）吨，指派一辆 4 吨的车。

6.计算节约里程

通过查询节约里程表，路线 1 的节约里程：8+10=18。

通过查询节约里程表，路线 2 的节约里程：2。

两条路线合计节约里程：18+2=20，如图 7-30 所示。

	A	B	C	D	E	F
1	路线	节约里程			路线	节约里程计算
2	P_2P_3	10			$P_0-P_4-P_3-P_2-P_0$	18
3	P_3P_4	8			$P_0-P_1-P_5-P_0$	2
4	P_2P_4	6			合计	20
5	P_4P_5	5				
6	P_1P_2	4				
7	P_1P_5	2				
8	P_1P_3	1				
9	P_1P_4	0				
10	P_2P_5	0				
11	P_3P_5	0				

图 7-30 计算节约里程

拓展提升

已知配送中心（P_0）向 7 个客户（P_1~P_7）配送货品，其配送路线网络、配送中心与客户的距离以及客户之间的距离如图 7-31 所示。图中括号内的数字表示客户的需求量（单位：吨），路线上的数字表示两点之间的距离，配送中心有 2 台 4 吨货车和 2 台 6 吨货车可供使用。请用节约里程法制定最优的配送路线方案，设货车行驶的平均速度为 40 千米 / 小时，优化后的配送路线比配送中心单独向客户分送的路线节约多少时间？

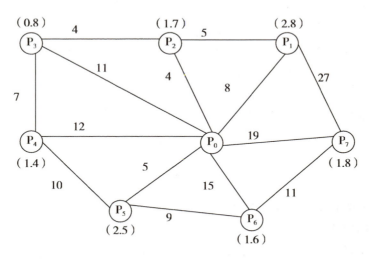

图 7-31　配送路线网络

📍 任务评价

任务名称		姓名			
考核内容	评价标准	参考分值	考核得分		
			自我评价	小组评价	教师评价
职业素养	认真严谨的学习态度	10			
	良好的专业行为规范	10			
知识素养	掌握配送路线优化的内容	10			
	掌握 IF 函数的使用	10			
	掌握节约里程法	10			
技能素养	正确应用节约里程法	20			
	正确优化配送路线	20			
	正确计算节约里程	10			
小计		100			
合计（自我评价 ×30%+ 小组评价 ×30%+ 教师评价 ×40%）					

任务四　配送运费计算

知识目标

1.了解配送成本的构成。

2.掌握配送中心作业成本的计算。

能力目标

能够计算配送总成本。

情感目标

1.养成精益求精的工作态度和严谨认真的学习习惯。

2.培养成本管理意识。

工作任务

由于配送中心配送环节较多，作业量大，主管安排实习生李真计算从配送中心经前置仓到配送站、再从配送站送达个人消费者的配送过程中单箱货物配送成本，以便后期进行配送成本控制。为简化计算，假设每月业务量恒定，每月按30天计算。经统计，每托盘平均45箱货物，每月产生单据3500张，每张单据平均15托盘货物。

（1）配送中心作业成本（费用）。

①仓储成本。仓储成本构成如表7-3所示。

表7-3　　　　　　　　　　　仓储成本构成　　　　　　　　　　单位：元/月

构成项	费用
人员工资	320000
仓储设备折旧成本	5000
仓储办公成本（如水电费、网络费等）	1000
货物损耗	31000

②单据流转成本。单据流转成本构成如表7-4所示。

表7-4　　　　　　　　　　　　　　单据流转成本构成

构成项	费用
设备（如电脑）折旧成本	4000元/月
单据物料成本	1元/单
人员工资	15000元/月

③接运卸货成本。其主要构成项是人员（搬运工）工资，为4元/托。

④发货装车成本。其主要构成项是人员（搬运工）工资，为3元/托。

（2）前置仓作业成本（费用）。

前置仓采用外包仓配服务方式。外包费用为7500元/月，平均出库量为2000托/月。

（3）配送站作业成本（费用）。

配送费用为400元/车。单车运输200箱货物。

请根据上述信息，计算整个配送过程中单箱货物的配送总成本。

 任务准备

1.配送成本的概念

配送成本是配送过程中所支付的费用总和。根据配送流程及配送环节，配送成本通常包含配送运输费用、分拣费用、配装费用、流通加工费用等。配送成本的核算是多环节的核算，是各个配送环节或活动的集成。

2.配送成本的构成

（1）按配送环节划分。

配送成本按配送环节划分主要有仓储保管成本、配送运输费用、分拣费用、配装费用、流通加工费用等。配送成本构成明细如表7-5所示。

表7-5　　　　　　　　　　　　　　配送成本构成明细

费用名称	仓储保管成本	配送运输费用	分拣费用	配装费用	流通加工费用
费用组成	人员工资、仓储设备折旧成本、仓储办公成本（含水电费、网络费等）、货物损耗	车辆费用、营运间接费用	分拣人工费用、设备维修保养费、折旧费、业务费用和管理费用	配装材料费用、配装辅助费用、配装人工费用、发车装运成本等	流通加工设备费用、流通加工材料费用、流通加工人工费用、流通加工制造费用

（2）按成本支付形态划分。

配送成本按成本支付形态划分，有以下内容说明（见表7-6）。

表7-6　内容说明

成本支付形态	内容说明
材料费	包装材料费、加工材料费、辅助材料费等
人工费	工资、福利费、奖金等
维护费	维修保养费、折旧费、租赁费、保险费和税金等
一般经费	办公费、差旅费、会议费、通信费、水电费、燃料费、照明费、货物损耗、事故损失费等
特别经费	存货保险费、存货流动资金占用费和按实际使用年限计算的折旧费等
对外委托费	委托运费、委托包装费、委托保管费、委托装卸搬运费、手续费等
其他费用	向其他企业支付的配送费用和其他企业自己负担的配送费用，如采用送货制采购货物时，包含在购买价格中的配送费用；采用提货制销售货物时，包含从销售价格中扣除的配送费用

3.配送中心成本的计算

在现代配送企业中，配送中心高度专业化，货物一般先从配送中心经前置仓到配送站、再从配送站送达个人消费者手中，在进行费用核算时，一般需要计算配送中心作业费用、前置仓作业费用、配送站作业费用和其他费用。

（1）配送中心作业费用。

配送中心作业费用包括仓储成本、单据流转成本、接运卸货成本、发货装车成本、运输成本。配送中心作业费用计算公式：

$$配送中心作业费用=仓储成本+单据流转成本+接运卸货成本+$$
$$发货装车成本+运输成本$$

①仓储成本计算。

$$仓储成本=人员工资+仓储设备折旧成本+仓储办公成本+货物损耗$$

②单据流转成本计算。

$$单据流转成本=设备折旧成本+单据物料成本+人员工资$$
$$单据物料成本=每单据物料成本×单数$$
$$人员工资=单据人员月工资×月数$$

③接运卸货成本、发货装车成本计算。

$$搬运工工资=每托货物搬运工工资×托盘数量$$

④运输成本计算。

$$货物运输费用=单托货物运输费用×托盘数量$$

（2）前置仓作业费用和配送站作业费用。

读一读

前置仓是一种仓储和配送模式的产物，指设在靠近消费者的仓库，主要用于存储和分拣货物，并实现快速配送。这种布局的目的是将库存位置靠近消费者，缩短电商企业物流系统整体响应时间，提高应对客户需求的响应速度，从而缩短配送时间，提升配送效率。

配送站是指一种物流或快递公司的服务终端，主要用于处理和配送货物（包裹）。它通常被设立在城市的主要区域，方便进行快速、高效的配送服务。在配送站，货物会被分类、标记，并分配给不同的骑手，以确保准确配送到目的地。配送站连接着供应商和消费者，保障了商品和服务的及时送达。

前置仓和配送站的作业费用构成明细如表7-7所示。

表7-7　　　　　　　　　　　　**前置仓和配送站的作业费用构成明细**

费用名称	场地费用	设备费用	人员费用	运营费用	运输费用	安全与维护费用	税费和其他费用
费用组成	租赁费用、物业费用等	货架、叉车、扫描设备、包装设备等的费用	员工工资、福利费、培训费等	水电费、通信费、办公用品费等	配送车辆的租金或购买费用、油费、保险费等	安全设备、消防设备等的费用	税费、行政罚款、法律费用等

自建前置仓、配送站需要投入大量的资金和人力、物力，租赁前置仓则相对灵活，一般情况下配送企业会采取租赁的方式灵活选择前置仓和配送站。计算公式如下：

前置仓外包费用 = 每托货物外包费用平均值 × 出库托盘数

配送站货物配送费用 = 每车配送费用 × 车辆数

任务实施

配送总成本计算步骤总结如下。

（1）打开项目七任务四素材文件，将Sheet2工作表改名为"配送成本计算表"，制作如图7-32所示的表格。

（2）根据任务资料，计算配送中心作业费用。

①根据任务要求，输入数据，计算仓储成本，如图7-33所示。

②根据任务要求，输入数据，计算单据流转成本，如图7-34所示。

③根据任务要求，输入数据，计算接运卸货成本、发货装运成本、运输成本，如图7-35所示。

（3）根据公式，计算前置仓和配送站的作业费用。

在E18单元格中输入公式"=7500/2000"，计算出每托货物外包费用平均值。

在E21单元格中输入公式"=（3500×15×45）/200"，计算出车辆数。

配送成本计算表

物流活动	成本	成本构成		数目	成本费用	总成本
配送中心作业	仓储成本	人员工资				
		仓储设备折旧成本				
		仓储办公成本				
		货物损耗				
		设备折旧成本				
	单据流转成本	单据物料成本	每单据物料成本			
			单数			
		人员工资	单据人员月工资			
			月数			
	接运卸货成本	搬运工工资	每托货物搬运工工资			
			托盘数量			
	发货装运成本	搬运工工资	每托货物搬运工工资			
			托盘数量			
	运输成本	货物运输费用	单托货物运输费用			
			托盘数量			
前置仓作业	前置仓外包费用	前置仓外包费用	每托货物外包费用平均值			
			出库托盘数			
配送站作业	配送站货物配送费用	配送站货物配送费用	每车配送费用			
			车辆数			
配送总成本		配送中心作业费用+前置仓作业费用+配送站作业费用				
单箱货物的配送总成本		配送成本/货物总箱数				

图7-32　计算表格

配送成本计算表

物流活动	成本	成本构成		数目	成本费用	总成本
配送中心作业	仓储成本	人员工资		320000	320000	357000
		仓储设备折旧成本		5000	5000	
		仓储办公成本		1000	1000	
		货物损耗		31000	31000	
		设备折旧成本				
	单据流转成本	单据物料成本	每单据物料成本			
			单数			
		人员工资	单据人员月工资			
			月数			
	接运卸货成本	搬运工工资	每托货物搬运工工资			
			托盘数量			
	发货装运成本	搬运工工资	每托货物搬运工工资			
			托盘数量			
	运输成本	货物运输费用	单托货物运输费用			
			托盘数量			
前置仓作业	前置仓外包费用	前置仓外包费用	每托货物外包费用平均值			
			出库托盘数			
配送站作业	配送站货物配送费用	配送站货物配送费用	每车配送费用			
			车辆数			
配送总成本		配送中心作业费用+前置仓作业费用+配送站作业费用				
单箱货物的配送总成本		配送成本/货物总箱数				

图7-33　仓储成本计算

配送成本计算表

物流活动	成本	成本构成		数目	成本费用	总成本
配送中心作业	仓储成本	人员工资		320000	320000	357000
		仓储设备折旧成本		5000	5000	
		仓储办公成本		1000	1000	
		货物损耗		31000	31000	
	单据流转成本	设备折旧成本		4000	4000	22500
		单据物料成本	每单据物料成本	1	3500	
			单数	3500		
		人员工资	单据人员月工资	15000	15000	
			月数	1		
	接运卸货成本	搬运工工资	每托货物搬运工工资			
			托盘数量			
	发货装运成本	搬运工工资	每托货物搬运工工资			
			托盘数量			
	运输成本	货物运输费用	单托货物运输费用			
			托盘数量			
前置仓作业	前置仓外包费用	前置仓外包费用	每托货物外包费用平均值			
			出库托盘数			
配送站作业	配送站货物配送费用	配送站货物配送费用	每车配送费用			
			车辆数			
配送总成本		配送中心作业费用+前置仓作业费用+配送站作业费用				
单箱货物的配送总成本		配送成本/货物总箱数				

图7-34　单据流转成本计算

在 G22 单元格中输入公式"=SUM（G3:G21）"，计算出配送总成本，如图7-36所示。

物流活动	成本	成本构成		数目	成本费用	总成本
配送中心作业	仓储成本	人员工资		320000	320000	357000
		仓储设备折旧成本		5000	5000	
		仓储办公成本		1000	1000	
		货物损耗		31000	31000	
	单据流转成本	设备折旧成本		4000	4000	22500
		单据物料成本	每单据物料成本	1	3500	
			单数	3500		
		人员工资	单据人员月工资	15000	15000	
			月数	1		
	接运卸货成本	搬运工工资	每托货物搬运工工资	4	210000	210000
			托盘数量	52500（3500×15）		
	发货装运成本	搬运工工资	每托货物搬运工工资	3	157500	157500
			托盘数量	52500		
	运输成本	货物运输费用	单托货物运输费用	3	157500	157500
			托盘数量	52500		
前置仓作业	前置仓外包费用	前置仓外包费用	每托货物外包费用平均值			
			出库托盘数			
配送站作业	配送站货物配送费用	配送站货物配送费用	每车配送费用			
			车辆数			
配送成本		配送中心作业费用+前置仓作业费用+配送站作业费用				
单箱货物的配送总成本		配送总成本/货物总箱数				

图7-35　接运卸货成本、发货装运成本、运输成本计算

物流活动	成本	成本构成		数目	成本费用	总成本
配送中心作业	仓储成本	人员工资		320000	320000	357000
		仓储设备折旧成本		5000	5000	
		仓储办公成本		1000	1000	
		货物损耗		31000	31000	
	单据流转成本	设备折旧成本		4000	4000	22500
		单据物料成本	每单据物料成本	1	3500	
			单数	3500		
		人员工资	单据人员月工资	15000	15000	
			月数	1		
	接运卸货成本	搬运工工资	每托货物搬运工工资	4	210000	210000
			托盘数量	52500（3500×15）		
	发货装运成本	搬运工工资	每托货物搬运工工资	3	157500	157500
			托盘数量	52500		
	运输成本	货物运输费用	单托货物运输费用	3	157500	157500
			托盘数量	52500		
前置仓作业	前置仓外包费用	前置仓外包费用	每托货物外包费用平均值	3.75	196875	196875
			出库托盘数	52500		
配送站作业	配送站货物配送费用	配送站货物配送费用	每车配送费用	400	4725000	4725000
			车辆数	11812.5		
配送成本		配送中心作业费用+前置仓作业费用+配送站作业费用				5826375
单箱货物的配送总成本		配送总成本/货物总箱数				

图7-36　配送总成本计算

（4）根据题目条件，计算出单箱货物的配送总成本。

在G23单元格中输入公式"=G22/(3500*15*45)"，单箱货物的配送总成本如图7-37所示。

物流活动	成本	成本构成		数目	成本费用	总成本
配送中心作业	仓储成本	人员工资		320000	320000	357000
		仓储设备折旧成本		5000	5000	
		仓储办公成本		1000	1000	
		货物损耗		31000	31000	
	单据流转成本	设备折旧成本		4000	4000	22500
		单据物料成本	每单据物料成本	1	3500	
			单数	3500		
		人员工资	单据人员月工资	15000	15000	
			月数	1		
	接运卸货成本	搬运工工资	每托货物搬运工工资	4	210000	210000
			托盘数量	52500（3500×15）		
	发货装运成本	搬运工工资	每托货物搬运工工资	3	157500	157500
			托盘数量	52500		
	运输成本	货物运输费用	单托货物运输费用	3	157500	157500
			托盘数量	52500		
前置仓作业	前置仓外包费用	前置仓外包费用	每托货物外包费用平均值	3.75	196875	196875
			出库托盘数	52500		
配送站作业	配送站货物配送费用	配送站货物配送费用	每车配送费用	400	4725000	4725000
			车辆数	11812.5		
配送成本		配送中心作业费用+前置仓作业费用+配送站作业费用				5826375
单箱货物的配送总成本		配送总成本/货物总箱数				2.46619

图7-37　单箱货物的配送总成本计算

拓展提升

　　工作任务和任务实施中我们通过计算配送总成本来核算出单箱货物的配送总成本，同学们根据题目要求思考一下是否可以通过其他方法计算单箱货物的配送总成本。

任务评价

任务名称			姓名			
考核内容	评价标准	参考分值	考核得分			
			自我评价	小组评价	教师评价	
职业素养	认真严谨的学习态度	10				
	良好的专业行为规范	10				
知识素养	掌握表格设计技巧	10				
	了解配送成本的概念、构成	10				
	掌握配送中心作业成本的计算	15				
技能素养	计算配送总成本	25				
	计算单箱货物的配送总成本	20				
小计		100				
合计（自我评价×30%+小组评价×30%+教师评价×40%）						

任务五　配送时效分析

知识目标

1. 了解配送半径的概念、特点、意义。
2. 掌握配送半径的影响因素及计算。

能力目标

能根据配送半径大小进行配送时效分析。

情感目标

1. 培养严谨负责的职业道德和精益求精的工匠精神。
2. 培养数据获取和处理能力。

工作任务

青岛市万方物流中心为一重要客户配送货品，服务承诺时间为3小时，备货时间为1.5小时，标准差为0.3，平均出行速度为40km/h，标准差为10。已知从配送中心送达客户的行车距离为40km。服务水平和相应系数如表7-8所示。

表7-8　　　　　　　　　　服务水平和相应系数

服务水平	0.9998	0.99	0.98	0.95	0.90	0.80	0.7
系数z	3.50	2.33	2.05	1.65	1.29	0.84	0.53

基于以上条件，该配送中心能否对该客户承诺配送服务的误点率为5%（计算结果四舍五入保留整数）。

任务准备

1.配送半径

配送半径可以理解为配送中心所能覆盖的地理范围，在配送规划中一般具化为配送车辆从配送中心出发为完成配送任务而行驶的路程。客户对配送时效的要求能否得到满足，需要从企业在特定条件下的配送半径是否符合要求这个角度进行分析。

2.影响配送半径的因素

（1）运输成本。配送半径越大，运输成本越高。因此，在规划配送路线时，需要考虑到运输成本的影响。

（2）交通状况。交通状况的好坏也会影响配送半径的大小。如果交通状况良好，配送半径可以适当扩大；如果交通状况较差，配送半径则需要适当缩小。

（3）客户分布的密度。客户分布的密度也会影响配送半径的大小。如果客户分布较为集中，可通过规划配送中心位置，使配送半径适当缩小；如果客户分布较为分散，配送半径则需要适当增加。

（4）服务承诺时间。服务承诺时间也就是配送中心承诺给客户的货品送达时间，也就是客户的订货提前期，即从配送中心收到客户订单，到将所订货品送达客户指定地点的时间周期，是影响配送半径的因素之一。如果多数客户需要快速送达，配送半径需要适当缩小；如果多数客户对配送时间没有特别要求，配送半径可以适当扩大。

（5）配送工具。不同的配送工具因出行速度、交通状况适应能力的不同而对配送半径有不同程度的影响。例如，使用自行车或电动车进行配送，其配送半径相对较小；而使用货车进行配送，其配送半径则相对较大。

（6）备货时间。备货时间是指配送中心收到客户订单后为筹备客户所订货品而花费的时间，包括订单处理、货品分拣、流通加工、包装、装车等工作环节所需的时间。理论上，备货时间越长，配送半径越小。

综上所述，影响配送半径的因素有很多，需要根据实际情况进行综合考虑和细致规划。

3.配送半径的计算

如果配送半径为 R，服务承诺时间为 T_1，备货时间为 T_2，配送速度为 V，公式1为：

$$R = (T_1 - T_2) \times V$$

从公式1可以看出，配送半径随着配送速度的提升而扩大，随着服务承诺时间的增多而扩大，随着备货时间的减少而扩大。但延长服务承诺时间会降低客户服务水平，削弱配送中心的竞争优势。因此，扩大配送中心的辐射范围可以通过提升配送速度、缩短备货时间来实现，具体措施如下。

①提升配送速度：优化配送车辆及配送方式、优化配送路线。

②缩短备货时间：提高订单处理效率并缩短订单处理时间、提高配送各流程工作的效率。

4.保留半径的计算

备货时间、配送速度会因其他因素的影响随时发生变化，配送半径也会发生变化，一些对配送时间准确性要求较高的配送任务可能会大幅度降低配送服务水平，所以有必要对配送半径按照要求进行修正，参照库存管理中的安全库存概念，引入保留半径的概念。保留半径是为了达到一定的客户服务水平，消减备货时间和出行（配送）速度变化带来的不确定性而特意设定的保险距离。

公式2为：

$$r = \sqrt{z\delta v^2 \overline{t} + \delta t^2 \overline{v}^2}$$

式中：r——保留半径；

z——服务水平系数，查表可得；

δv^2——出行速度的方差；

$\overline{t}$——平均出行时间，出行时间为服务承诺时间与备货时间之差；

$\overline{v}^2$——平均出行速度的平方；

δt^2——出行时间的方差。

联合公式1、公式2，修正后的配送半径为：

$$r = \overline{v}t - z\sqrt{\delta v^2 \overline{t} + \delta t^2 \overline{v}^2}$$

服务水平系数z可从表7-9查得。

表7-9　　　　　　　　　　服务水平系数参照表

服务水平	0.9998	0.99	0.98	0.95	0.90	0.80	0.7
系数z	3.50	2.33	2.05	1.65	1.29	0.84	0.53

5.相关函数

（1）POWER函数。

作用：返回给定数字的乘幂。

格式：=POWER（底数，指数）。

（2）ROUND函数。

作用：返回一个数值，该数值是按照指定的小数位数进行四舍五入运算的结果。

格式：=ROUND（数值，保留的小数位数）。

任务实施

打开项目七任务五素材文件，将Sheet2工作表改名为"物流时效性计算"，制作如图7-38所示的表格。相关格式可参考黑色、宋体11、行高20、列宽30。

物流时效性计算

序号	计算步骤	计算公式	计算结果
1	$\bar{v}t$		
2	z		
3	$\delta v^2\bar{t}+\delta t^2\bar{v}^2$		
4	$\sqrt{\delta v^2\bar{t}+\delta t^2\bar{v}^2}$		
5	$\sqrt{\delta v^2\bar{t}+\delta t^2\bar{v}^2}$（四舍五入）		
6	$z\sqrt{\delta v^2\bar{t}+\delta t^2\bar{v}^2}$		
7	$r=\bar{v}t-z\sqrt{\delta v^2\bar{t}+\delta t^2\bar{v}^2}$		

图 7-38　计算表格

根据任务资料，计算步骤 1，$\bar{v}t=$ 平均出行速度 ×（服务承诺时间 – 备货时间）。$\bar{v}t$ 计算如图 7-39 所示。

物流时效性计算

序号	计算步骤	计算公式	计算结果
1	$\bar{v}t$	40×(3-1.5)	60
2	z		
3	$\delta v^2\bar{t}+\delta t^2\bar{v}^2$		
4	$\sqrt{\delta v^2\bar{t}+\delta t^2\bar{v}^2}$		
5	$\sqrt{\delta v^2\bar{t}+\delta t^2\bar{v}^2}$（四舍五入）		
6	$z\sqrt{\delta v^2\bar{t}+\delta t^2\bar{v}^2}$		
7	$r=\bar{v}t-z\sqrt{\delta v^2\bar{t}+\delta t^2\bar{v}^2}$		

图 7-39　$\bar{v}t$ 计算

根据任务资料，对客户承诺的误点率为 5%，得出服务水平为 0.95，通过表格对照，$z=1.65$。服务水平系数计算如图 7-40 所示。

物流时效性计算

序号	计算步骤	计算公式	计算结果
1	$\bar{v}t$	40×(3-1.5)	60
2	z	1.65	1.65
3	$\delta v^2\bar{t}+\delta t^2\bar{v}^2$		
4	$\sqrt{\delta v^2\bar{t}+\delta t^2\bar{v}^2}$		
5	$\sqrt{\delta v^2\bar{t}+\delta t^2\bar{v}^2}$（四舍五入）		
6	$z\sqrt{\delta v^2\bar{t}+\delta t^2\bar{v}^2}$		
7	$r=\bar{v}t-z\sqrt{\delta v^2\bar{t}+\delta t^2\bar{v}^2}$		

图 7-40　服务水平系数计算

利用 POWER 函数计算 $\delta v^2\bar{t}+\delta t^2\bar{v}^2$，根据任务材料，将相关数据带入公式：=(POWER(10，2)*1.5)+(POWER(0.3，2)*POWER(40，2))。POWER 函数计算如图 7-41 所示。

图 7-41　POWER 函数计算

利用 SQRT 函数对 $\delta v^2 \bar{t} + \delta t^2 \bar{v}^2$ 开平方，根据任务材料，将相关数据带入公式：=SQRT((POWER(10，2)*1.5)+(POWER(0.3，2)*POWER(40，2)))。SQRT 函数计算如图 7-42 所示。

图 7-42　SQRT 函数计算

利用 ROUND 函数进行四舍五入。计算结果四舍五入如图 7-43 所示。

图 7-43　计算结果四舍五入

根据任务资料，计算服务水平系数 z 与 $\sqrt{\delta v^2 \bar{t} + \delta t^2 \bar{v}^2}$ 的乘积。该步骤计算结果如图 7-44 所示。

物流时效性计算

序号	计算步骤	计算公式	计算结果
1	$\bar{v}t$	$40 \times (3-1.5)$	60
2	z	1.65	1.65
3	$\delta v^2 \bar{t} + \delta t^2 \bar{v}^2$	294	294
4	$\sqrt{\delta v^2 \bar{t} + \delta t^2 \bar{v}^2}$	17.1464282	17.1464282
5	$\sqrt{\delta v^2 \bar{t} + \delta t^2 \bar{v}^2}$ （四舍五入）	17	17
6	$z\sqrt{\delta v^2 \bar{t} + \delta t^2 \bar{v}^2}$	1.65×17	28.05
7	$r = \bar{v}t - z\sqrt{\delta v^2 \bar{t} + \delta t^2 \bar{v}^2}$		

图 7-44　计算结果

根据计算结果，计算出配送半径。配送半径计算如图 7-45 所示。

C9	⌄ ⋮ × ✓ f_x	=D3-D8	

	A	B	C	D
1			物流时效性计算	
2	序号	计算步骤	计算公式	计算结果
3	1	$\bar{v}t$	$40 \times (3-1.5)$	60
4	2	z	1.65	1.65
5	3	$\delta v^2 \bar{t} + \delta t^2 \bar{v}^2$	294	294
6	4	$\sqrt{\delta v^2 \bar{t} + \delta t^2 \bar{v}^2}$	17.1464282	17.1464282
7	5	$\sqrt{\delta v^2 \bar{t} + \delta t^2 \bar{v}^2}$ （四舍五入）	17	17
8	6	$z\sqrt{\delta v^2 \bar{t} + \delta t^2 \bar{v}^2}$	1.65×17	28.05
9	7	$r = \bar{v}t - z\sqrt{\delta v^2 \bar{t} + \delta t^2 \bar{v}^2}$	31.95	31.95

图 7-45　配送半径计算

数据分析：从配送中心送达客户的行车距离为 40km，计算得出的配送半径为 31.95km，因此该配送中心不能对该客户承诺配送服务的误点率为 5%。

拓展提升

青岛市万方物流中心为一重要客户配送货品，服务承诺时间为 4 小时，备货时间为 1.8 小时，方差为 0.09，平均出行速度为 45km/h，标准差为 10。在 0.98 的服务水平下配送中心的配送半径应该限定在多少公里内（计算结果四舍五入保留整数）？

⚲ 任务评价

任务名称			姓名			
考核内容	评价标准	参考分值	考核得分			
			自我评价	小组评价	教师评价	
职业素养	认真严谨的学习态度	10				
	良好的专业行为规范	10				
知识素养	掌握表格设计技巧	10				
	掌握 POWER 函数、SQRT 函数等的运用	10				
	了解配送半径概念、特点、意义	10				
	掌握配送半径的影响因素及计算方法	10				
技能素养	运用表格计算配送半径	20				
	根据配送半径大小进行配送时效分析	20				
小计		100				
合计（自我评价×30%+小组评价×30%+教师评价×40%）						

配套教学表格